공화, 돌봄, 녹색

새 공화국과 헌법의 기본 가치에 관하여

김영준, 김은희, 안숙영, 우석영,
이나미, 장석준, 장은주, 정규호

공화, 돌봄, 녹색
새 공화국과 헌법의 기본 가치에 관하여

초판 1쇄 인쇄	2025년 9월 19일
초판 1쇄 발행	2025년 9월 24일

지은이	김영준, 김은희, 안숙영, 우석영, 이나미, 장석준, 장은주, 정규호
본문 디자인	디자인오팔
표지 디자인	김유경
펴낸곳	산현글방
등록	제2020-000239호
주소	서울시 마포구 연희로 11. 5층 CS-531
이메일	thehouse.ws@gmail.com
인스타그램	wisdom.shelter
ISBN	979-11-990295-2-1 (03300)

새 공화국과
헌법의
기본 가치에
관하여

공화
돌봄
녹색

재생종이로 만든 책

이 책은 지구의 숲과 우리의 미래를 위해 재생용지를 사용했습니다.

차례

들어가는 글	장석준	8
1장 공화	장은주	30
2장 돌봄	안숙영, 이나미	78
3장 녹색	김영준, 김은희, 우석영, 정규호	112
보론 지속가능성 위기에 대응하는 사회적 숙의 기구 제안		154
	정규호	

부록

○ 대한독립선언서(무오독립선언서, 국문, 1919)	164
○ 대한민국 임시헌법 전문(국문, 1919)	170
○ 대한민국 건국강령 총칙(국문, 1941)	171
○ 대한민국 임시헌장 전문(1944)	175
○ 제헌헌법 전문(1948)	176
○ 제6공화국 헌법 전문(1987)	177
○ 브라질 헌법(2017 개정)	178
○ 에콰도르 헌법(2008년 개정)	181
○ 프랑스 자연환경 헌장(2004년 제정)	183

참고문헌	186
미주	194

들어가는 글

들어가는 글

'장기 제3공화국'을 끝내고
'녹색-돌봄 공화국'을 향해

장석준

2024년 12월 3일 밤, 윤석열 일당이 위헌·위법적 비상계엄을 선포하고 군을 동원해 국회의사당을 공격하며 친위 쿠데타를 시도했다. "국회와 지방의회, 정당의 활동과 정치적 결사, 집회, 시위 등 일체의 정치활동을 금한다"는 조항으로 시작하는 비상계엄 포고령 1호는 민주주의의 모든 기본 요소와 질서를 파괴하겠다는 선전포고에 다름 아니었다. 군부독재를 끝내고 어렵사리 대의 민주주의를 정착시킨 제6공화국 헌법을 끝장내려는 반역 행위였다. 다행히도 시민들의 적극적인 저항과 이에 화답한 국회의 발 빠른 대처 덕분에 친위 쿠데타는 실패로 끝났고, 헌법재판소의 너무도 당연한 판결에 따라 윤석열은 대통령직에서 파면됐다. 반년에 가까운 항쟁과 대치 끝에 시민들은 민주공화국의 헌법 질서를 지켜냈다.

친위 쿠데타를 겪으며 확인한 개헌 필요성

그러나 이 사태를 겪으면서 현 헌법을 손봐야 한다는 점도 분명히 드러났다. 수많은 시민의 엄청난 노력을 통해 헌법을 지키기는 했지만, 대통령이 친위 쿠데타를 자행하고 이후 그 진압이 난항을 빚은 것은 현 헌법에 잠재한 공백이나 한계, 모순 탓이기도 했다.

누구든 가장 먼저 떠올릴 만한 것은 윤석열이 친위 쿠데타를 감행하기 위해 헌법에 명시되어 있는 대통령의 비상계엄 선포 권한(제77조 1항)을 활용했다는 사실이다. 물론 한국사회는 역사 속에서 이미 몇 차례 비슷한 사태를 겪은 바 있기에 현 헌법에는 국회가 비상계엄을 해제할 수 있다는 안전장치(제77조 5항)가 마련돼 있었고, 실제로 이 조항 덕분에 윤석열 일당의 내란 시도를 좌절시킬 수 있었다. 하지만 대통령의 계엄 선포 권한은 이런 안전장치에도 불구하고 아주 위험한 헌법 조항임이 이번 사태에서 드러났다. 그러니 이참에 대한민국 역사에서 여러 차례 반역과 비극의 빌미가 된 계엄 제도를 과연 계속 유지할 필요가 있는지 따져 봐야 한다. 계엄 제도를 존치하더라도 계엄 선포의 근거를 "전시·사변 또는 이에 준하는 국가비상사태"로 너무나 느슨하게 규정한 대목은 반드시 수정해야 한다. 아울러 국회의 동의 역시 계엄 선포 '이후'가 아니라 '이전'에, 그것도 과반이 아닌 2/3 이상 찬성을 통해 얻도록 바꿔야 한다.

내란 진압 와중에 여러 논자가 지적했지만, 대통령 궐위나 유고 시에 "국무총리, 법률이 정한 국무위원의 순서로 그 권한을 대행"하게 한 조항(제71조)도 심각한 문제점을 드러냈다. 이 조항에 따라 내란 주범 윤석열이 임명한 한덕수 국무총리, 최상목 경제부총리가 잇따라 대통령권한대행을 맡았고, 이들은 헌법재판관 임명을 방해하거나 늦춰 헌법재판소의 대통령 탄핵 재판을 교란하려 했다. 이 사태를 보며 한국사회는 현 헌법의 대통령권한대행 제도가 민주적 정당성을 확보하고 있지 못하다는 사실을 뒤늦게 깨달았다. 선출직이 아니라 임명직인 국무총리나 다른 국무위원들이 대통령권한대행을 맡아서는 정당성을 지닐 수 없다. 제6공화국 헌법의 대통령중심제를 그대로 유지한다는 전제에서 본다면, 대통령과 마찬가지로 선출직이면서 동시에 국회에서 선출 과정을 한 번 더 거친 국회의장이 대통령권한대행을 맡는 게 합리적이고 현실적이다. 역시 헌법개정이 필요한 사항이다.

　　헌법재판관 임명 문제 또한 이전에는 미처 주목하지 못했던 현 헌법의 문제점을 드러냈다. 국회는 헌법재판관 3인을 즉각 선출했지만, 대통령권한대행이 된 한덕수 국무총리는 이 3인의 '임명' 절차를 진행하길 거부했고 뒤이어 권한대행이 된 최상목 부총리는 아무 근거도 없이 마은혁 재판관을 제외한 2인만 '임명'한다고 밝혔다. 이로 인해 헌법재판소는 끝내 재판관 9인을 다 채우지 못한 채로 대통령 탄핵 재판에 임해야 했다. 그런데 여기에서 이런 의문을 던져야 한다. 국회가 '선출'한 헌법재판관(제111조 3항)에 대해 왜 굳이 대통령의 '임명' 절차를 더 두어야(제111조 2항) 하는가? 국회가 선출했으면 그것으로 헌법재판관 임명 절차는 완료된 것이다. 다른 나라 헌법들에는 실제로 그렇게 돼 있다. 국회가 '선출'하면 그만이지 대통령이 '임명'하는 절차 따위는 덧붙지 않는다. 현 헌법에서 헌법재판관 9인 중 국회가 선출하는 3인과 대법원장이 지명하는 3인까지 대통령이 '임명'하게 하는 조항은 일종의 군더더기이며 따라서 삭제해야 한다.

"민주주의=직선 대통령의 통치"라는 오늘날 한국인의 상식

그런데 헌법재판관 임명을 둘러싼 헌법의 난맥상은 단순한 실수와 부주의의 결과는 아니다. 실은 제6공화국 헌법에 깔려 있는 특정한 대통령관 탓이다. 헌법 111조 안에는 서로 다른 두 가지 의미의 대통령이 혼재한다. 우선 국회, 대법원장과 함께 각 3인의 헌법재판관을 지명하는 '대통령'이 있다. 이때의 대통령은 국회, 법원과 병존하는 국가기구인 '정부'의 수반이다. 그러나 국회, 대법원장이 각각 선출하거나 지명한 헌법재판관에 대해 굳이 '임명' 권한을 행사하는 '대통령'은 이와는 또 다른 존재다. 현 헌법은 이를 "대통령은 국가의 원수이며, 외국에 대하여 국가를 대표한다"(제66조 1항)는 문구로 정리한다. 즉, 헌법 속에서 대통령은 행정부 수반이면서 동시에 국가 원수다.

의회제(의회중심제 혹은 내각제)나 이원집정부제를 채택하는 민주공화국에서는 의회가 선출하는 총리가 행정부를 지휘하며, 대통령은 실권이 거의 없거나 적은 국가 원수의 위상만을 지닌다. 반면에 대통령중심제에서는 대통령이 국가 원수 위상도 지니고 행정부를 실질적으로 지휘하기도 한다. 이 때문에 대통령중심제에서는 대통령 1인에게 과도한 권력이 집중되고 국가기구 전체가 대통령과 동일시되는 '**황제정적[제왕적] 대통령제**imperial presidency'의 위험이 항존한다.

대통령중심제를 채택한 대한민국 제6공화국 역시 여기에서 예외가 아니다. 게다가, 헌법 111조에 드러나듯이, 한국사회는 대통령중심제의 이런 위험에 너무나 무감하다. 대통령의 위상과 권한을 쓸데없이 높고 넓게 잡아놓은 것에 대한 경계가 별로 없다. 오히려 대통령이 국회나 법원보다 우위에 있고 그래서 다른 모든 국가기구를 통할한다는 생각이 대중의 상식으로 뿌리내리고 있다. 이

상식에 따르면, 민주주의의 핵심 기준은 단지 이런 막강한 위상과 역할이 집약된 대통령을 유권자가 직접 선출하는지 여부일 뿐이다. 전반적 분위기가 이러했기에, 윤석열이 자신을 국가와 동일시하면서 국가의 '적들'을 청소한다는 망상을 실현할 친위 쿠데타를 모의, 추진하는 일이 벌어질 수 있었다.

그러나 한국인 다수가 본래부터 대통령중심제 맹신자였던 것은 아니다. 대통령 자리를 차지하고 싶었던 이승만의 개입 탓에 결국 제헌헌법에 대통령중심제 요소들이 도입되기는 했지만, 제헌국회에서 헌법안 기초와 심의를 주도한 이들은 의회제 쪽에 더 기울어 있었다. 이런 분위기는 이승만 독재 정권과 여러 색깔의 야당(민주당, 진보당 등) 사이의 대립 구도가 굳어져간 후속 국회들(2대~4대)에서도 지속됐다. 그리고 마침내 4월 혁명으로 이승만이 권좌에서 쫓겨나자, 마치 다수의 합의가 이미 확정돼 있었던 것처럼 자연스럽게 의회제에 바탕을 둔 제2공화국 헌법이 마련됐다. 보수야당인 민주당 엘리트만 그렇게 여겼던 게 아니라 대다수 여론 또한 그러했다. 적어도 이 시기에 한국인 다수에게는 "민주주의=직선 대통령의 통치"식 사고가 결코 낯익은 상식이 아니었던 것이다.

제2공화국 헌법과 제3공화국의 반동

흥미로운 것은 12·3 친위 쿠데타 이후 뒤늦게 발견된 현 헌법 내의 공백이나 모순에 대한 답이 제2공화국 헌법 안에 이미 담겨 있었다는 사실이다. 가령 대통령 권한대행 문제를 보자. 제2공화국 헌법은 "대통령이 궐위되거나 사고로 인하여 직무를 수행할 수 없을 때에는 참의원의장, 민의원의장, 국무총리의 순위로 그 권한을 대행한다"(제52조)고 규정했다. 민의원(하원), 참의원(상원)의 양원제를 취했던 제2공화국과 달리 단원제인 제6공화국 식으로 표현한다면, 국회의장이 대통령권한대행을 맡는다는 뜻이다. 60년 전에 벌써 준비됐던 답을 우리는 한참 뒤에야 재발견한 꼴이다.

헌법재판관 임명 문제 관련해서도 사정은 비슷하다. 헌법재판소가 제6공화국 헌법을 통해 처음 도입된 줄 아는 사람이 많지만, 헌법재판소는 실은 제2공화국 헌법에 처음으로 등장했다. 이승만 정부의 헌법 유린을 지긋지긋하게 경험한 4·19 혁명 직후 한국사회는 당시 서독 등에서도 시행한 지 10여 년밖에 안 됐던 헌법재판소 제도를 과감히 도입했다. 다만 헌법재판소를 채 설치하기도 전에 군부 쿠데타가 일어나는 바람에 실제 도입이 30여

년 뒤로 늦어졌을 뿐이다. 게다가 제2공화국 헌법은 헌법재판관 임명에 관해 다음과 같이 깔끔하게 정리했다. "헌법재판소의 심판관은 9인으로 한다. 심판관은 대통령, 대법원, 참의원이 각 3인씩 선임한다."(제83조 4항) 대통령, 국회(참의원), 대법원이 3인씩 선임하면 그것으로 임명 절차는 끝이다. "국회에서 선출하는 자"와 "대법원장이 지명하는 자"를 다시 "대통령이 임명"해야 한다고 하여 한덕수, 최상목 류에게 빌미를 줄 만한 내용 따위는 없다. 대통령을 국회, 법원보다 위에 있는 존재로 보는 사고가 깔려 있지 않았기에 그런 군더더기 조항이 들어갈 이유가 없었던 것이다.

그 밖에도 제2공화국 헌법은 제헌국회가 치열한 논쟁 끝에 채택한, 진보적 경제체제를 지향하는 제헌헌법 조항들을 충실히 이어받았다. 순수 자본주의보다는 오히려 사회민주주의에 가까운 경제체제를 추구해야 한다는 내용, 즉 "대한민국의 경제 질서는 모든 국민에게 생활의 기본적 수요를 충족할 수 있게 하는 사회정의의 실현과 균형 있는 국민경제의 발전을 기함을 기본으로 삼는다. 각인의 경제상 자유는 이 한계 내에서 보장된다."는 조항(제헌헌법 제84조)이 제2공화국 헌법에도 유지됐다. 주주뿐만 아니라 노동자도 기업의 주인이라고 선포하는 이른바 '이익균점제', 즉 "영리를 목적으로 하는 사기업에 있어서는 근로자는 법률의 정하는 바에 의하여 이익의 분배에 균점할 권리가 있다"는 조항(제헌헌법 제18조)도 그대로 남아 있었다.

이 모든 내용은 언제 다 사라져버렸을까? 5·16 쿠데타로 제2공화국을 무너뜨린 박정희 세력이 제3공화국 헌법을 기초하면서 이 모든 것이 모조리 삭제되고 말았다. 진보적 경제 체제를 지향한 제84조는 "개인과 기업의 경제상의 자유와 창의를 존중함"을 맨 앞에 내세우는 내용으로 바뀌었고(제3공화국 헌법 제119조), 이익균점제 조항은 종적 없이 사라졌다. 대통령권한대행을 맡을 공직자 1순위는 비선출직 국무총리로 바뀌었고(제71조), 헌법재판소는 설치도 되기 전에 폐기됐다.

이 모두가 사라진 자리에 대통령중심제가 다시 들어섰고, 나머지 모든 제도는 이를 위한 충실한 부속품 노릇을 하기 시작했다. 이 대목에서 확인해야 할 것은 제3공화국이 단순히 제1공화국 시기의 대통령중심제로 '돌아간' 게 아니라는 사실이다. 제3공화국은 제1공화국에 비해 훨씬 더 대통령 1인에게 권력이 집중된 대통령중심제를 채택했다. 제1공화국 시기에 두 차례(1952년 '발췌' 개헌, 1954년 '사사오입' 개헌) 강압적으로 헌법이 개정되기는 했지만, 제1공화국 헌법은 줄곧 "국무회의의 의결은 과반으로써 행한다"(제헌헌법 제71조)는 조항을 유지했다. 국무회의가 대통령의 일방적 지시를 수행하는 기구가 아니라 어느 정도는 의회제 정부의 내각처럼 합의나 표결을 통해 의결하는 기구라는 생각이 깔려 있었던 것이다. 반면, 제3공화국 헌법에서는 이런 조항이 사라졌다. 누가 보더라도, 국무회의가 대통령의 하위기구라는 사고가 전제돼 있었다. 실제로 제3공화국 이후 한국 국가기구의 실질적 사령탑은 국무회의가 아니라 '청와대'가 된다.

우리 시대의 진짜 이름은 '장기 제3공화국 시대'

바로 이 시기, 제2공화국이 군사 반란으로 단절되고 제3공화국이 들어선 1961~63년을 돌아보면 등골이 오싹해지곤 한다. 오늘날 우리가 마주하는 한국사회의 어둡고 답답한 구석들이 하나같이 이 무렵에 시작됐음을 확인하게 되기 때문이다. 1961년 5월 16일, 쿠데타 당일에 군사혁명위원회가 선포한 포고령부터가 그렇다. 포고령 4호는 "참의원, 민의원, 지방의회의 해산"을 명령했다. 또한 "일체의 정당 및 사회단체의 정치활동을 금한다"고 못 박았다. 1주일 뒤인 5월 23일에는 아예 "모든 정치사회단체의 해체"를 명하는 포고령 6호를 발표했다. "모든 정치사회단체의 해체"만 제외하면, 모두가 다 2024년 12월 3일 윤석열의 비상계엄 포고령 1호 첫 문장과 동일한 내용이다.

  이렇게 기존 민주주의 제도를 철저히 파괴한 뒤에 박정희 세력은 '정치활동정화법'을 만들어 이른바 '부패한 구정치인'을 퇴출하는 작업에 나섰다(1962. 3). '부패한 구정치인'의 목록에는 과거 자유당 정권을 이끌던 진짜로 '부패한 구정치인'도 있었다. 그러나 전혀 다른 부류의 정치세력이나 인사가 더 많았다. 우선 제2공화국의 여당이던 민주당 정치인들이 있었고, 다양한 혁신정당 인사들도 목록에 올랐다. 더 당황스러운 것은 '전국피학살자유족회' 같은 4월 혁명 공간의 대표적 민주시민단체도 '정화' 대상으로 지정됐다는 사실이다(한강의 소설 《작별하지 않는다》에 당시 사정이 잘 묘사돼 있다). 군부세력은 사실상 '정치' 일반을 범죄시한 셈이었다. 그리고 그들은 제6공화국 헌법 전문이 '대한국민'의 뿌리로 밝히고 있는 '4·19'의 자식들을 잔혹하게 짓밟았다.

  이 폐허 위에서 박정희 세력은 어떤 새 질서를

세웠던가? 앞에서 말한 것처럼, 제1공화국에 비해 훨씬 더 강력해진 대통령중심제를 수립했다. 대통령 1인에게 권력이 집중된 만큼 국회의 위상과 권한은 축소됐다. 박정희 세력은 한편으로는 '조국 근대화'를 위해 불철주야 행정기구를 지휘하는 '대통령'이라는 이미지를 띄웠고, 다른 한편으로는 이를 방해하는 쓸모없는 정치꾼들(기본적으로는 야당을 뜻하지만 심지어는 여당 안에서 박정희를 비판하는 흐름도 포함됐다)이 싸움만 벌이는 '국회'라는 새로운 상식을 정착시켰다. '정치'를 근본적으로 무능, 낭비와 동일시하고, '국회'를 불신하며, 오로지 '대통령' 선출 방식(직선제냐 아니냐)만이 민주주의의 기준점이 되는 한국사회의 독특한 관념이 이때부터 뿌리내리기 시작했다. 국회가 이런 운명을 맞이했으니 지방의회는 더 말할 필요도 없었다. 그 전에도 여러 가지 이유로 지방자치가 법률이 정한 대로 실행되지 못했지만, 박정희 세력은 쿠데타에 성공한 직후부터 '지방자치에 관한 임시조치법'을 통해 지방자치 실시를 무기한 연기해버렸다.

　　　　박정희 세력이 새롭게 족쇄를 채운 민주정치의 또 다른 중대한 요소는 정당이었다. 제3공화국 헌법은 "정당은 (중략) 국민의 정치적 의사 형성에 참여하는 데 필요한 조직을 가져야 한다"는 내용을 신설했는데, 이것은 정당의 민주적 발전을 바라는 마음에서 나온 게 아니었다. 정당 설립과 활동을 행정기구가 규제할 근거를 마련함으로써 정당 활동의 자유를 실질적으로 억압하기 위한 것이었다. 실제로 정당 활동에 대한 시시콜콜한 규제가 전혀 없었던 그 전까지의 정당 관련 법제는 박정희 세력에 의해 현 정당법의 원형이 되는 규제 중심 '정당법'으로 개정됐다. 이때부터 정당의 중앙당은 반드시 서울에 있어야 했고, 전국 조직을 갖추지 못한 지역정당은 존재할 수 없게 됐다.

  이렇게 제3공화국 수립과 함께 형성된 제도와 심성, 상식과 관행의 특정한 조합이 지금에 이르기까지 60년 넘게 한국사회를 지배하고 있다. 이 조합을 묶어주는 제도적 구심은 대통령중심제이며, 이 조합을 지탱하는 토대는 경제 개발/성장을 추구하는 통치의 효과적 관철을 위해 정치는 최소화하거나 아예 없는 게 바람직하다는 반정치주의 관념이자 태도다. 거의 반년에 가까운 내란 정국을 겪고 난 지금에 이르러서야 비로소 이 오래된 조합이 한국사회를 끈덕지게 옥죄고 있음이 선명히 드러나고 있다. 그 결과 우리는 지금 제3공화국 대통령(박정희)이 1972년 10월에 '유신'이라는 깃발 아래 그랬던 것처럼 여전히 대통령이 친위 쿠데타를 모의, 추진할 수 있는 나라이자,

'통치'를 위해 '정치'를 폐지해야만 하겠다는 윤석열 일당의 주장을 지지하며 삽시간에 만만치 않은 규모의 극우파가 결집할 수 있는 사회에서 살아가고 있다.

  지난 30여 년간 굳어진 상식과는 달리, 현 제6공화국의 출발점인 1987년 민주화-개헌은 이러한 역사적 연속성에 그다지 커다란 충격을 주지 못했다. 대통령 직선제를 폐지함으로써 노골적 파시즘 체제로 전락했던 제4공화국, 제5공화국 시기를 끝내긴 했지만, 동시에 대통령 직선제에 바탕을 둔 제3공화국 질서를 복원하는 역할을 했다. 물론 대통령이 선포한 비상계엄을 국회가 해제할 수 있게 하는 안전장치를 마련한다든가 헌법재판소를 도입한 것 같은 의미 있는 제도 혁신이 있기는 했다. 하지만 박정희 세력이 제3공화국을 수립하며 한국사회에 정착시킨 제도, 심성 등의 역사적 조합을 새로운 조합으로 대체했다고 할 수는 없다. 말하자면 제6공화국의 다른 이름, 진짜 이름은 '**장기 제3공화국**'이다. 대한민국 시민들은 위대한 1987년 민주항쟁이 낳은 제6공화국 시대를 살고 있다고 자부하지만, 이제는 박정희 세력이 연 '장기 제3공화국 시대'에서 벗어나지 못하고 있음을 겸허히 인정해야 한다.

복합위기에 대처할 새로운 정치를 만들어가는 개헌 토론

'장기 제3공화국 시대'를 끝내야 하는 이유는 무엇인가? 12월 3일 밤과 같은 일을 다시는 겪지 않기 위해서다. '장기 제3공화국 시대'에는 어느 때고 초중앙집권적 권력구조 내부에서 민주공화국을 후퇴시키거나 전복하려는 반역 행위가 돌출할 수 있음이 제3공화국 박정희의 친위쿠데타 그리고 이번 윤석열의 친위쿠데타 시도에서 여실히 드러났다. '대통령주의'를 '민주주의'와 동일시하는 사회는 파시즘을 비롯한 다양한 극우 정치 흐름이 쉽게 급성장하는 토양이 된다.

이제라도 이런 위험천만한 정치-사회 지형을 갈아엎어야 한다. 적어도 내란 진압 와중에 확인한 현 헌법 안의 공백이나 모순은 반드시 고쳐야 한다. 그리고 이런 부분적 개헌만이 아니라 '장기 제3공화국 질서' 전반의 근본적 변혁에 관한 토론으로 나아갈 가능성을 열어둬야 한다. 여기에서 '장기 제3공화국 질서'란 대한민국 제6공화국 헌법이라는 짧은 문서만을 뜻하지 않는다. 그것은 비판법학자들이 흔히 **물질적 헌정**material constitution'이라 부르는, 한 국가의 지향과 시스템, 작동방식을 실질적으로 규정하는 헌법과 법률, 제도와 관행의 복합체에 가깝다. 이 복합체에는 당연히 헌법 자체가 포함된다. 하지만 헌법을 보완하는 법률들(정당법, 선거법, 지방자치법 등), 헌법과 긴장 관계를 맺으며 유사 헌법 노릇을 해온 법률들(국가보안법 등), 헌법에 상응하는 위상과 권능을 확보해야 할 법률들(근로기준법, 노동조합법, 복지와 돌봄과 기후 관련 기본법들 등) 등도 이 복합체를 이루는 요소들이다. '장기 제3공화국'을 넘어서려면 헌법 자체를 비롯해 이 모든 법률과 관련 제도의 개혁을 염두에 둬야 한다.

그런데 '장기 제3공화국 시대'를 종식시켜야 하는 이유는 친위 쿠데타와 극우파 득세 방지에만 한정되지 않는다. 더 적극적인 이유는 우리 시대가 기후급변, 돌봄결핍, 감염병의 주기적 대유행, 미-중 패권 충돌, 디지털 테크놀로지 발전의 충격, 지역 쇠퇴 같은 거대한 위기들이 서로 얽혀 동시에 엄습하는 복합위기, 다중재난의 시대라는 데 있다. 지금 한국사회에는 이런 복합위기에 효과적으로 대처하면서 그 근본 원인을 치유해나가는 정치가 절실히 필요하다.

그러나 '장기 제3공화국'의 정치 질서는 이러한 과제와는 잘 맞지 않는다. 박정희 세력이 도입한 중앙집권적 정치 시스템은 이른바 '조국 근대화', 즉 급속한 경제성장을 추진하기 위해 기획된 것이었다. 경제성장 목표치를 달성하기 위해 사회의 모든 역량과 자원을 신속히 총동원하는 데는 이 시스템이 유효했다. 그러나 기후급변이나 돌봄 결핍 같은 위기들은 이런 식으로 해결할 수 없다. 좁은 의미의 국가기구만으로는 재난에 그때그때 대응하기에도 힘에 부칠 것이다. 따라서 국가기구만이 아니라 시민사회가 적극적으로 참여하여 지식과 지혜를 모으고 위기의 전개 양상에 맞춰 기민하게 새로운 합의를 형성해가야 한다. 과거처럼 엘리트들이 목표를 결정한 다음에 사회의 나머지 부분이 이를 달성하도록 명령을 내릴 수 없으며, 목표 자체를 사회의 모든 부분이 함께 토론하여 결정해야 한다. 이것은 '장기 제3공화국 시대'에 한국인들에게 익숙했던 정치와는 정반대되는 정치적 시스템이자 행동양식이다.

그렇기에 내란과 그 진압 과정에서 확인한 직접적인 교훈과 과제를 넘어 복합위기, 다중재난 시대에 긴요한 대응 과제와 새로운 가치, 거듭 고민해야 할 숙제 같은 보다 근본적인 고민거리들이 헌법개정 토론의 의제에 올라야 한다. 기후재난을 헤쳐나가고 이런 재난을 낳은 삶의 방식을 바꾸는 '녹색' 전환을 위해 어떤 사회상이 바람직한 사회상으로 논의되어야 할까? 노인 인구가 큰 비중을 차지하는 초유의 인구 불균형 상황에서 인간의 존엄성을 저버리지 않기 위해 사회는 무엇을 다짐해야 할까? 어떤 위기에 대해서든 대응과 해결의 공통된 기반이 될 사회연대를 강화하기 위해 민주공화국은 '민주'와 '공화'의 의미를 어떻게 새롭게 채워나가야 할까?

　　이 책의 각 장은 이런 물음들을 다른 시민보다 조금 일찍 던지며 함께 고민할 만한 여러 해답의 단서를 제시한다. 1장은 "대한민국은 민주공화국"이라는 익숙한 조항에서 '민주'에 비해 상대적으로 덜 주목받아온 '공화'의 의미를 부각하며, 이러한 '공화'의 의미를 살리기 위한 제도 혁신 방안을 제안한다. 2장은 헌법을 다시 쓰는 과정에서 고민해야 할 것이 보편적 돌봄 사회 구축이라 지적하며 '돌봄' 가치를 구현할 여러 방안을 제시한다. 3장은 기존 헌법들에 '녹색' 가치가 결여되었던 역사적 이유에 대한 고찰에서 시작하여 '녹색' 헌법의 필요, '녹색' 헌법의 지향과 내용을 밝힌다.

　　물론 해답은 헌법개정 토론에 참여하는 시민들이 공동으로 만들어가야 하는 것이며, 이 책 곳곳에 제시된 내용은 그야말로 '제안'일 뿐이다. 더 살을 붙여야 하고, 심지어는 논쟁해야 할 대목도 많다. 그러나 모두 다 '녹색-돌봄 공화국'의 지향을 헌법개정 토론의 주된 의제로 부각하려는 마음에서 나온 제안임에는 분명하다. 이런 바람대로 '녹색-돌봄 공화국'에 대한 열띤 토론이 시작되어야만 그간 익숙했던 정치를 뛰어넘는 정치의 실마리가 모습을 드러낼 것이고, 이를 통해 '장기 제3공화국 시대'를 실질적으로 종식할 길이 열릴 것이다.

또한 그렇기에 새로운 헌법을 만들기 위한 이번 논의는 국회를 넘어 모든 시민에게 개방되어야 한다. 최근 아이슬란드나 아일랜드, 칠레 등에서 시도했던 것처럼, 국회가 개헌 과정 전반을 책임지되 별도의 숙의 기구(가칭 '헌법개정 시민회의')를 소집해 시민 참여 토론을 통해 개헌안을 마련해야 한다. 이 책의 각 장과 같은 정성 들인 발제문들을 놓고 21세기에 우리에게 정말로 필요한 과제들을 토론하는 초유의 집단적 경험이 성사된다면, 이것만큼 2024년 12월 그 밤과 정반대되는 '정치'의 모습도 달리 없을 것이다. 지금 우리에게는 이런 정치, '개헌의 정치'가 절실히 필요하다.

I

공화

1장

공화

장은주

1. 들어가며

헌법재판소가 '12·3 내란 우두머리' 윤석열 대통령을 파면한 역사적인 선고 이후 개헌은 더 이상 미룰 수 없는 절실한 시대적 과제로 부상했다. 많은 논의가 봇물 터지듯 쏟아지고 있다. 나름대로 잘 설계된 현행 헌법 덕분에 윤석열의 내란을 잘 막아내고 탄핵하여 파면도 시킬 수 있었다는 호헌론도 있지만, 많은 이들은 지금의 제6공화국 헌법의 한계를 지적하며 개헌을 통한 제7공화국의 출범을 요구하고 있다. 비록 새로운 정부 출범으로 내란의 정치적 종식은 일부나마 이루어졌지만, 다시는 이번의 내란 사태 같은 일이 반복되지 않도록 해야 할 역사적 사명을 가진 새 정부로서는 개헌을 가장 중요한 정치 의제 중의 하나로 삼아야 할 것이다. 개헌은 이재명 대통령의 중요한 선거 공약 중의 하나이자 이재명 정부의 1호 국정과제이기도 하다.

그러나 그동안의 경험으로 볼 때 극단적으로 양극화되어 있는 우리 정치권이 과연 개헌에 쉽게 합의할 수 있을지는 지극히 의문이다. 무엇보다도 두 주요 정당의 정치적 이해관계가 매우 달라서다. 두 당은 정책적으로나 이념적으로 큰 차이가 없는 듯이 보여도 특히 지역적이고 계층적인 지지 기반의 차이가 큰데, 흔히 **87년 체제**로 불리는 지금의 헌정 체제에서 극단적인 **전쟁 정치**를 펼쳐오는 동안 서로에 대한 적대감을 키워왔다. 사실 12·3 내란은 그러한 적대감이 극적으로 표출된 결과였고, 이후 우리 사회의, 정치적으로 매개된 깊은 분열과 갈등은 '**연성 내전**soft civil war'이라고 부를 만한 상황으로 치닫고 있다. 그런 만큼 개헌의 방향에 대해서도 근본적인 엇박자를 낼 가능성이 크다.

무엇보다도 심각한 문제는 내란 사태를 처리하는 와중에 보수 기득권 세력이 급속하게 극우화하면서 우리 사회가 소중하게 발전시켜온 민주적 헌정 체제를 부정하는 듯한 태도를 보여왔다는 것이다. 이 세력은 계엄이라는 헌정 체제 파괴 시도를 옹호하고, 법치 질서를 이루는 근간인 법원에 대한 물리적 공격을 정당화했을 뿐만 아니라, 헌법재판소의 탄핵 인용 판결도 부정하거나 마지못해 수용했다. '한국형 파시즘'의 등장마저 걱정해야 할 지경이다. 이런 세력의 정치적 결집체인 국민의 힘이 과연 정략적 차원을 넘어 민주적 헌정 질서를 새롭게 정비하는 방향의 개헌에 흔쾌히 동의할지 의문이다.

개헌은 이루기도 쉽지 않겠지만, 해결해야 할 과제도 벅차다. 많은 이들은 개헌 논의를 곧바로 권력구조 개편 문제와 연결한다. 물론 이 문제는 중요하다. 그러나 이번의 개헌이 단순한 임기응변식 대응 수준을 벗어나려면, 현행 헌법에서 무엇을, 왜 바꾸어야 하는지에 대해 매우 근본적인 수준의 성찰부터 할 수 있어야 한다. 그리고 새 헌법을 통해 이루기를 바라는 우리 사회의 정치적 미래에 대한 비전도 분명하게 할 수 있어야 한다. 그래야 개헌을 위한 사회적 합의도 쉬워질 터이다.

나는 만약 이번에 개헌이 실현될 수 있다면 무엇보다도 지속가능하고 안정적인 민주적 헌정 질서를 수립하는 데 일차적인 초점을 두어야 한다고 생각한다. 물론 국민의 기본권을 확대하고 AI나 기후변화 같은 근본적인 도전에 온전히 대응할 수 있는 정치적 틀을 헌법을 통해서 마련하는 것도 중요하다. 그러나 내란 사태를 경험한 지금, 개헌은 우리 민주주의가 '회복력resilience'을 충분히 갖추어 안팎의 다양한 도전에 잘 견디도록 하는 제도적 틀을 설계하는 것을 최우선 과제로 삼아야 한다(Merkel·Lührmann 2021; 비슷한 문제의식은 Ginsberg·Aziz 2018 참조).

이런 맥락에서 나는 멀리 상하이 임시정부의 임시헌장에 명시된 이래 우리 헌법에서 불변으로 남아 있는 헌법 제1조 '민주공화국 규정'에 새삼스럽게 주목해볼 것을 제안한다. 새로운 헌법 만들기는 결국 이 민주공화국 규정에 대한 나름의 해석에 기초할 수밖에 없을 텐데, 우리 사회는 이와 관련하여 그동안 '민주'에 대해서는 목소리를 높여왔지만 '공화'에 대해서는 크게 주목하지 않았다. 지금 국면에서 이 공화의 가치와 원리가 좀 더 분명하게 새로운 헌법의 토대가 될 때만 개헌은 시대적 과제에 온전히 부응할 수 있을 것이라는 게 내 생각이다. 이런 맥락에서 나는 '민주적 공화주의'라는 정치철학의 관점에서 내란 이후 우리가 새롭게 열어야 할 '제7공화국'을 위한 개헌의 근본 방향이 무엇이어야 할지 탐색해보려 한다.

출발점은 현행 87년 '헌정 체제constitutional system[1]'가 우리 사회에 역사상 처음으로 민주적 헌정 질서를 도입하고 안착시키는 데 큰 역할을 했으나 초점을 오직 '민주화'에만 둠으로써 지금과 같은 위기 상황을 초래했다는 사실에 있다. 물론 이런 출발점은 이 체제에서 민주주의가 충분했다거나 잘 작동했다는 것을 의미하지는 않는다. 이 체제에서 소선거구제/양당제와 결합한 대통령제는 심각한 정치적 양극화와 교착 상태를 초래했고, 그 결과 우리 민주주의는 스스로 붕괴할 위험에 처하기까지 했다. 그렇다면 개헌의 초점은 이 위험을 완화하고 민주주의가 더 큰 안정성과 지속가능성을 갖추게 함으로써 그 해방적 잠재력을 극대화하는 데 있어야 한다.

나는 이 과제가 한국 민주주의를 온전히 '공화화'할 수 있을 때만 가능하다고 보는데, 여기서 그 핵심적 의미를 소개해볼 참이다. 이때 나는 민주공화국 대한민국 건국의 바탕에 있는 '민주적 공화주의' 정치철학의 관점에서 공동선의 정치, 존엄의 평등에 대한 지향 그리고 시민적 참여의 확대라는 **민주적 공화주의**의 세 가지 핵심 원리를 강조할 것이다. 마지막으로 이 바탕 위에서 권력의 분립과 상호 견제가 보장되며, 시민적 참여와 공동선을 바탕으로 한 참된 문제 해결적 정치를 열 새 헌정 체제의 얼개도 그려 보이려 한다. 나는 여기서 우리 현대사의 정치적 경로 의존성을 고려하면서도 공화적 민주주의의 이상을 추구할 수 있는 권력구조로서 단순다수결과 비례대표제로 선거 방식을 달리하여 구성되는 **한국형 양원제**와 결합한 분권형 대통령제를 제안하려 한다.

2. '87년 체제' 민주주의, 무엇이 문제인가?

우선 도대체 우리 민주주의가 어쩌다가 어처구니없는 '12·3 계엄'사태까지 야기하며 스스로 파국적 상황까지 이르게 되었는지를 성찰해 보는 것으로 논의를 시작해보자. 1987년에 만들어진 지금의 제6공화국 민주주의 체제, 곧 87년 체제는 확실히 고유한 역사적·사회적 배경 위에서 구축되어 나름의 실천적 합리성을 입증해왔다. 그러나 지난 40년 가까이 운용되어 오면서 이 체제는 많은 문제와 한계도 드러냈는데, 이제 더는 원활하게 작동하기 힘든 처지에 이르렀다고 해야 한다. 왜 그렇게 되었는지 몇 가지 중요한 측면에서만 살펴보기로 하자.

우리 사회는 1987년 6월 항쟁을 통해 그때까지의 오랜 군부통치 체제를 끝내고 비로소 민주주의를 확립했다. 이 민주화의 핵심은 군부통치 체제에서 허용되지 않았던 대통령 직선제였다. 대통령을 국민이 직접 선거로 선출할 수 있게 된 이 일은 얼핏 사소해 보여도 우리 사회에 커다란 긍정적 변화를 불러왔다. 정당과 정치인들은 선거의 승리를 위해 유권자들의 이해관계와 관심을 살피지 않을 수 없었고, 선거 승리를 노리는 정당들의 경쟁으로 인해 정책과 법률은 점점 더 포용적인 것이 되어갔다. 덕분에 시민들은 폭넓은 권리 신장을 경험할 수 있었고, 삶의 질적인 수준 또한 제법 향상되었다.[2]

민주화는 그저 정치 영역에만 한정되지 않았다. 사회 전반의 민주화에 대한 요구도 거세져, 군대나 학교는 물론 회사나 일상적인 시민사회적 조직들에서도 권위주의적 위계질서가 힘을 잃고 평등한 시민적 관계가 확립되기 시작했다. 가정은 물론 사회 일반에서도 권위주의적이고 가부장제적인 가치와 질서가 도전받기 시작했다. '경제 민주화'에 대한 요구 또한 거셌는데, 비록 초점이 모호했고[3] 충분히 성공했다고 보기는 힘들어도, 가령 재벌 개혁이 중요한 사회적 의제가 되기도 했고 노동조합의 목소리가 기업이나 정치적 의사결정 과정 전반에서 중요한 고려 사항이 될 정도로는 커졌다.

    많은 이들은 이러한 과정을 거치면서 우리 사회에서 '형식적 민주주의'는 어느 정도 완성되었으나 '실질적 민주주의'는 아직 충분히 진행되지 못했다고 인식하곤 했다. 그리하여 이 과정을 좀 더 급진적으로 추진하여 민주화 이후에도 해소되지 못하고 있는 심각한 사회경제적 불평등이나 젠더 불평등 문제 등을 해소하는 게 민주화의 남은 과제라고 여겼다. 여기서 이러한 과제 해결을 최우선으로 여기는 '진보 정당'이 성장하여 보수 양당체제를 해체하는 게 우리 민주주의 완성을 위해서 가장 중요한 관건이라는 인식도 생겨났다.

    나는 이런 인식 틀 자체가 근본적으로 잘못이라고 보지는 않는다. 우리 정당들은 너무나 보수적이고,

우리 민주주의는 너무나 제한적이다. 그런 만큼 우리 민주주의는 더 심화되고 더 강화되어야 한다. 그러나 우리는 그동안 이런 인식 틀에 집착하면서 우리가 민주주의에 대해 지나치게 좁게만 이해하고 있었다는 사실을 깨닫지 못하고 있었다. 우리는 그동안 정말 애타게 민주주의를 외치며 집착했지만, 아이러니하게도 바로 그런 접근이 오히려 우리 민주주의의 폭과 수준을 협소한 틀 속에 가두었을 뿐만 아니라 이 민주주의가 스스로 파괴의 길을 걸어갈 수도 있다는 사실을 놓치게 했다. 그 결과 우리가 만든 민주주의가 실제로는 사회의 소수 기득권 엘리트 세력이 정치적으로나 사회적으로 시민들에 대한 자의적 지배를 행사하는 사실상의 **과두정**oligarchy임을 충분히 파악할 수 없었다.

  우선, 흔히 권력구조라고 부르는 우리 민주주의의 외적 형식부터 보자. 우리는 형식적 민주주의가 얼마간 완성되었다고 여겼지만, 사실은 민주주의의 형식에 대한 매우 편협한 인식에 머물러 있었다. 우리 민주주의는 대통령제를 근간으로 한다. 그러나 이 대통령제는 기본적으로 행정부에 과도한 권력을 집중시키는데, 그 권력은 대통령 한 사람의 자의적 운용에 종속된다. 이런 '**행정권력 인격주의**executive personalism'(Ganghof 2021) 때문에 대통령은, 설사 민주적으로 선출하고 임기를 제한하더라도, 일종의

'대체 군주'일 뿐이다. 민주화 과정에서 우리는 대통령을 선거를 통해 선출하고 임기를 5년 단임으로 제한하는 데만 초점을 두었을 뿐, 이런 대통령제의 근본 문제를 제대로 검토해보지 않았다.

오히려 우리는 오랜 군부독재 체제의 영향 때문인지 대통령이 많은 권력을 독점하는 걸 당연하게 여겼다. 행정부의 수반일 뿐만 아니라 군 통수권자이자 국가 원수이기까지 한 대통령은 거의 모든 국가기관에 인사권 등을 통해 영향력을 행사할 뿐만 아니라 심지어 대법원과 헌법재판소의 구성에도 절대적 영향력을 행사한다. 물론 국회와 사법부의 견제가 일정하게 가능하도록 제도화되어 있기는 하지만[4], 그것 역시 대통령 권력의 과도함과 자의성 앞에 무력하기 일쑤였다. 윤석열 정부는 입법이 필요한 많은 정책적 지향이 여소야대 국회에 막히자 이른바 '시행령 통치'를 통해 우회했는데(가령 행안부 내 경찰국 신설이나 검찰의 수사권 행사 범위 확대), 우리 헌법은 궁극적으로 이를 막지 못했다.

이렇게 기본적으로 '제왕적'이라고 규정할 수밖에 없는 대통령의 권력은 정치 과정 전반을 결정적으로 지배한다. 의회제(의원내각제)와 대통령제 국가들에서 정당들은 서로 다른 양상으로 발전한다(Samuels·Shugart

2010). 대통령제 국가들에서 정당들은 **대통령(제)화** presidentialization된다. 다시 말해, 대통령 중심의 정당이 된다. 그러니까 대통령제에서 정당은 대통령이나 후보에게 선거나 통치 전략과 관련해서 너무 많은 재량권을 부여하면서 그들에게 종속되는 일이 발생한다. 이는 의회제 국가들의 정당과는 다른 모습인데, 한국에서도 예외가 아니었다. 거의 모든 정치 과정은 대통령 권력의 획득과 유지에 초점을 두고 진행됐고, 정당들은 정책과 정치 프로그램의 개발과 실천보다는 적대적 권력투쟁에만 몰두하며 지금과 같은 연성 내전 상태에 이르렀다.

그동안 우리 사회에서 특정 대통령의 당선은 정당이 아닌 대통령 개인의 집권이 되었다. 민주당 정부가 아니라 문재인 정부였고, 국민의힘 정부가 아니라 윤석열 정부였다. 우리는 대통령 선거 때마다 정당보다는 대통령 후보의 선거 캠프가 중심이 되어 정책들이 만들어지고 국정 방향이 결정되는 걸 목격해왔다. 정당은 이 과정을 주도하지 못하고 오히려 여기에 종속되었다. 정당은 후보로 선출한 대통령을 통제하지 못했고, 그저 대통령을 뒷받침하고 지키는 일에만 몰두해왔다. 우리는 윤석열 정부 시기 국민의힘이라는 주류 보수 정당이 어떻게 윤석열 개인의 사당으로 전락하는지를 여실히 확인할 수 있었다.

게다가 단순다수결주의 선거제도의 문제도 심각했다. 국회의 구성과 관련하여 단순다수결주의와 소선거구제는 필연적으로 양당제를 결과한다는 **뒤베르제**Duverger의 법칙은 우리 사회에서도 관철되었다. 더구나 이런 제도는 경쟁하는 세력이나 집단 사이에 극한적인 대결을 유도할 수밖에 없다. 우리 사회에서 이 선거제도는 대통령제와 연결되어 정치적 양극화가 폭발적 양상으로 나타났다. 대통령 권력이든 국회의원 자리든 이긴 쪽과 진 쪽이 얻는 보상의 격차가 그야말로 하늘과 땅만큼 차이가 나다 보니, 정치인들과 정당들은 경쟁 과정에서 어떤 수단과 방법도 불사한다.

이런 양당제는 또한 거의 필연적으로 두 당이 서로에 대한 견제를 넘어 적대적 대결 정치를 펼치는 '**비토크라시**vetocracy'(후쿠야마 2023)를 낳는다. 여기서 두 주요 정당은 서로에 대한 극한적 반대와 저지만을 일삼으며 일상적인 정치적 교착 상태에 빠진다. 이런 체제에서는 대화와 타협, 공동선의 추구를 자양분 삼아 사회의 근본 문제들에 대한 해법을 찾는 정치 자체가 질식사하고 날 선 이해관계의 대립과 맹목적 적대에 기초한 '우리 대 그들'의 진영 정치만 난무한다. 정치적 내전 또는 '전쟁 정치'는 그 필연적 결과다. 나아가 이런 배경 위에서 우리 사회에는 정치권만이 아니라 사회적·문화적 수준에서도 시민들 사이에 극단적인 분열과 대결이 일상화되었다. 어느 사회에서나 '보수 대 진보'의 대립이 있기 마련이지만, 우리 사회의 양극화는 민주주의라는 토대 자체를 허물 수 있는 '**치명적 양극화**[5]'(Somer, McCoy, Luke 2021)라고 규정하지 않을 수 없다. 이래서는 형식적 민주주의가 살아남더라도 아무런 의미도 없이 생명을 잃고 말 것이지만, 이번 12·3 사태가 보여준 것처럼 실제로 민주주의가 무너질 뻔한 위기도 찾아오게 된다.

  12·3 내란 사태는 이렇게 극단적으로 양극화된 정치체제의 비토크라시적 교착 상태가 낳은 파국의 표현이다. 애초 검찰총장 윤석열을 정치로 끌어들이고 대통령으로 만들어 세계사적으로도 유례가 없는 '**검찰통치체제**prosecutocracy'(장은주 2024b)가 성립하게 된 것도 따지고 보면 우리 정치의 이런 극단적 양극화 체제를 배경으로 한다. 어떻게든 대통령 권력을 손에 쥐어야만 한다는 절박한 요구가 국민의 힘으로 하여금 한때 자기 당을 고사 직전으로 몰고 갔던 검찰 출신 정치 초보자를 끌어들여 당 전체가 그를 중심으로 재편되는 걸 수용하게 했다. 물론 검찰통치체제는 양극화된 적대주의 정치의 해법이 아니었다. 오히려 정치의 야만적 사법화를 통해 그나마 남아 있던 타

협과 조율을 통한 정치의 가능성마저 아예 질식시켰다. 그 결과 정치권의 교착 상태는 심화하기만 했고, 급기야 대통령 윤석열은 계엄령이라는 폭력적 방법으로 아예 민주주의라는 틀 자체를 깨버리려 했다.

12·3 내란은 단순한 우연이나 윤석열이라는 한 개인의 일탈이 아니었다. 그것은 제6공화국 헌정 질서가 내장하고 있던 민주주의의 자기파괴 가능성이 발현된 결과라고 봐야 한다. 제6공화국 헌법의 설계자들은 민주적 경쟁이라는 계기(곧 대통령 직선제와 소선거구제)에만 초점을 두면서 이 경쟁의 틀을 잘 설계하지 못했을 때 민주주의가 그 내부에서부터 무너질 수도 있음을 미처 인식하지 못했던 것으로 보인다.

민주주의는 자동 기계가 아니다. 우리네 것과 같은 제왕적 대통령제에서 승자독식을 원리로 하는 민주적 경쟁이 격화하면, 경쟁 참여자들이 승리에만 집착한 나머지 민주주의라는 공동의 토대조차 허물겠다고 나설 수도 있음을 놓치면 안 된다. 윤석열 탄핵 과정에서 주류 보수 세력과 30% 내외의 국민이 계엄을 옹호하고 탄핵에 반대했는데, 이것은 자신들의 이해관계는 건드리지 않고 상대 진영을 약화시킬 수만 있다면 그들이 얼마든지 민주주의를 포기할 수도 있음을 드러낸 것이라고 봐야 한다.

그런데 우리 민주주의 형식의 이런 한계는 그동안 우리 민주주의의 질적 수준도 근본적으로 하락시켰다. 물론 우리 민주주의는 '자유민주주의'라는 외양을 갖추고 있다. 이 자유민주주의는 본디 시민들의 인권(기본권)을 최우선적으로 보장하려는 의도를 가진 헌정화된 민주주의 또는 '입헌 민주주의'의 한 모델을 가리키는 개념이다. 자유를 외부로부터 가해지는 간섭이 없는 상태non-interference로 이해하는 자유주의는, '다수의 지배'인 민주주의가 개인의 권리를 침해하는 정치적 결과를 낳을 수도 있음을 두려워하면서 국가의 권력 행사 방식을 헌법적 틀 속에 묶어둠으로써 시민들의 기본권을 지켜내고자 했다. 바로 여기서 많은 정치 과정에 대한 '사법 심사judicial review'를 정당화하는 '민주주의에 대한 법치의 우위'라는 자유민주주의의 기본 원칙(김비환 2016)이 확립된다. 그런데 우리 사회에서는 이 원칙이 시민의 기본권을 보호하는 방향으로 관철되기보다는 검찰·사법 권력을 강화하며 법조 엘리트에게 지나치게 많은 권한을 부여하는 방식으로 왜곡되었다(장은주 2024b).

우리 사회는 윤석열 탄핵 과정에서 국회의 탄핵소추안 의결 이후 헌법재판소의 최종 판결까지 무려 3개월 이상을 기다려야 했는데, 그 과정에서 많은 시민들은 헌법재판관들의 정치적 성향 때문에 탄핵이 기각되거나 부결될까 봐 노심초사했다. 비록 바람직한 방향으로 결론이 났다고는 하나, 우리 헌법이 정한 탄핵 절차는 공정하고 객관적인 법치의 외형 속에서 소수의 사법 엘리트에게 헌정 질서 전체의 운명을 맡기는 **사람에 의한 지배**의 틀을 벗어나지 못하고 있다고 해야 한다. **사법의 정치화** 문제도 심각하다. 지귀연 고등법원 판사는 형사 피의자에 대한 구속 기한을 정해놓은 법률마저 무시하며 내란죄로 구속된 윤석열을 석방했고, 조희대 대법원장은 가장 유력한 대통령 후보였던 이재명의 허위사실 유포 관련 선거법 위반 사건에 전례가 없는 방식으로 개입하여 시민들의 민주적 선택권을 박탈하려는 사실상의 '사법 쿠데타'를 일으켰다.

사실 자유민주주의는 그 본성상 강하거나 약한 **사법[법조]통치체제**juristocacy를 내장할 수밖에 없다고 해야 한다(Hirschl 2007). 자유민주주의의 효시라고 평가되는 미국에서도, 가령 루즈벨트Franklin Roosevelt 대통령의 뉴딜 정책이나 '적극적 차별시정정책affirmative action'과 낙태 등에 대한 대법원의 위헌 결정에서 보듯이, 사법부가 민주정치의 진보적 성과를 무효화하는 일이 곧잘 일어나곤 했다. 이는 미국뿐만 아니라 많은 자유민주주의 국가에서도 나타나는 현상이다. 사법의 정치화는 이 체제에서는 예외적이라기보다는 차라리 일상적이라고 봐야 한다.

그래서 민주주의가 온전히 작동하려면, 사법부에 대한 민주적 통제가 반드시 이루어져야 한다. 가령 미국은 고위 판검사에 대한 선거와 배심원제 같은 장치를 두고 있다. 독일의 경우 평범한 시민이 전문적 판사들과 함께 재판을 진행하는 '참심제參審制'가 제도화되어 있고, 연방 대법원의 판결조차 헌법재판소가 다시 심의할 가능성을 열어둔다.

그러나 우리 사회의 경우 사법부의 판사들이 주관적이고 편파적인 판결을 내려도 견제하거나 제재할 제도적 방도가 없다. 더 심각한 문제는 그간 우리의 사법 제도는 스스로 준사법기관이라 부르는 검찰이 자의적으로 권력을 행사하는 걸 허용해왔다는 사실이다. 한국의 자유민주주의를 '사이비'라고 규정할 수밖에 없는 이유다. 윤석열이 만들어낸 검찰통치체제도 근본적인 수준에서 보면 이런 사이비 자유민주주의 체제에서 기원하는 사법 통치의 한국적 변형태라고 봐야 한다(장은주 2024b). 여기서 시민들의 자유와 존엄을 보호해야 할 법치라는 도구는 오히려, 공화주의적 언어로 말해서, 시민들에 대한 국가권력의 자의적 지배, 곧 '**공적 지배**imperium'의 수단이 되었다(페팃 2019).

나아가 사실상의 과두정인 이런 사이비 자유민주주의 체제는 사회적 수준에서도 심각한 불의를 낳았다. 이것은 일차적으로 눈부신 경제성장과 사회 전체의 부의 증대에도 아랑곳없이 사회 구성원들 사이의 경제적 불평등이 계속 심화한 사정과 연결되어 있다. 그러나 단순히 불평등 그 자체가 문제는 아니다. 핵심적인 문제는 우리 사회의 수많은 시민이 여전히 가장 기본적인 수준에서 인간다운 삶의 기회를 충분히 누리지 못하고 있다는 상황에 있다. 무엇보다도 그런 시민들은 아주 쉽게 우리가 흔히 '갑질'이라고 부르는, 사회적이거나 경제적인 권력자들의 자의적 권력 행사, 다시 공화주의적 언어로 표현해서 '**사적 지배**dominium'의 위협에 노출되곤 한다(페팃 2019).

물론 이른바 선진국의 반열에 올라선 우리 사회에 절대 빈곤 상태에 빠진 시민들이 많은 것은 아니다. 그러나 신자유주의적 자본주의의 발전과 함께 세계 최고 수준을 유지하고 있는 비정규직 비율과 고용 불안정성, 높은 실업율과 자영업 종사자 비율, 수도권과 대도시의 높은 부동산 가격에 따른 주거 불안정성, 중증 질병에 대한 의료 고비용, 노인 빈곤의 증대 등이 시민들의 인간적 삶의 가능성을 심각하게 위협하고 있다. 이것은 단순히 불평등의 문제라기보다는 민주공화국에서 모든 시민이 당당하게 누려야 할 평등한 인간적 존엄성이 부정되는 문제다.

이런 사회적 불의는 '사회의 재화, 권력, 명예 등은 오로지 능력이라는 기준에 따라 분배되어야 한다'는 분배정의 원칙을 내세우는 **능력주의**meritocracy로 정당화된다(장은주 2021; 박권일 2021; 샌델 2020). 이런 능력주의는 단순히 사회경제적 재화의 분배 차원만이 아니라 정치의 차원에서도 작동하는데, 그 결과 정치적 사안들은 오직 고도의 전문성이나 지적 전문성을 가진 이들만이 정당한 자격을 갖추고 다룰 수 있다는 **정치적 능력주의**가 확립된다. 여기서 평범한 시민의 정치적 중심성과 주권성은 그저 공허한 수사에 머물고 만다. 한국의 사이비 자유민주주의는 사실상의 과두정인데, 그것은 바로 이런 정치적 능력주의로 정당화되는 **능력주의적 과두정**이다.

이런 체제에서는 사회적으로, 경제적으로, 또 정치적으로 배제되고 주변으로 밀려난 광범위한 대중이 존재할 수밖에 없다. 그들은 경제적 곤궁 상태에 빠지게 될 뿐만 아니라 심각한 사회적 무시와 정치적 무력감에 시달린다. 심각한 박탈감은 물론이고 근본적인 인간적 존엄성의 상실과 훼손에 따르는 '모욕'(마갈릿 2008)을 경험한다. 미국이나 유럽 등에서 확인되었지만, 이런 상황에 노출된 대중들은 결국 극우 포퓰리즘과 파시즘이라는 정치적 탈출구를 찾을 수밖에 없다. 이런 상황 전개는 12·3 내란 이후 우리 사회에서도 어김없이 확인되고 있다.

3. 한국 민주주의의 '공화화' 과제

제6공화국 헌법은 분명 민주적 헌법이다. 그러나 이 헌법이 작동시키고 있는 민주주의 체제는 그동안 사회세력들의 극한적 이해관계 갈등을 지나치게 직접적으로 표출해왔다. 또한 그것을 정치적으로 증폭시키는 전쟁정치의 숙주로 기능해왔다. 이 민주주의에서는 모든 정치공동체가 온전히 존속하고 성숙하려면 꼭 필요한 '공동선'에 대한 정치적 모색과 합의가 사실상 불가능하다.

게다가 이 민주주의는 그 외양과는 달리 소수 엘리트의 자의적 지배가 일상화되는 사실상의 과두정이다. 그 결과 세계사적으로 유례없는 검찰통치체제를 낳았고, 심지어 민주주의를 아예 파괴하려는 친위 쿠데타 시도마저 가능하게 했다. 이런 와중에 시민들의 불안하고 피폐한 삶은 물론이고 기후위기 같은 새롭고도 근본적인 도전은 정치적 해결의 실마리조차 찾을 수 없는 상태에 처해 있다.

민주적 경쟁은 '제로-섬 게임' 같은 것이어서는 안 된다. 그런 식의 경쟁은 민주주의가 자기를 파괴할 수 있는 덫이 된다. 이 자기 파괴적 덫을 피하려면, 민주적 경쟁은 참된 공동선을 찾아 그 정치공동체의 운명을 더 나은 방향으로 끌고 가려는 생산적 경쟁이 되어야 한다. 그리고 여기서는 서로 다른 이해관계와 가치관을 가진 정치공동체의 구성원들 모두가 공적이고 사적인 차원의 지배에서 벗어나 평등한 존엄성을 지닌 민주적 주체로 인정되어야 한다. 그리하여 누구든 기본적인 생존과 자유를 위한 나름의 몫과 목소리를 보장받을 수 있어야 한다. 바로 이런 게 '공화(정/국)'의 원리다. 한국 민주주의는 지금 아주 절박한 '공화화' 과제를 앞에 두고 있다(장은주 2023 참조). 그 의미를 좀 더 분명히 해보자.

'공화共和'라는 말은 우리에게 익숙하면서도 낯설다. 노랫말이기도 한 '대한민국은 민주공화국이다'라는 헌법 제1조의 문장 덕에 누구나 아는 말이 공화(국)이지만, 사실 이 공화(국)가 무엇을 의미하는지에 대해 분명하게 말할 수 있는 사람은 그리 많지 않다. 그렇다고 아주 어려운 개념인 것도 아니다.

'공화'라는 말은 서양어(영어 republic, 라틴어 res publica: 공적인 일)의 번역어이지만, 많은 이들은 '함께 조화롭다'는 한자어 共和의 뜻을 유추해서 그런 의미로 사용하기도 하는데 딱히 틀렸다고 보기는 어렵다. 일상에서 쓰는 '공존共存'이나 '공생共生' 같은 말과도 상통할 것처럼 보인다. 공화(국)라는 말은 다양한 세력이나 사람들이 함께, 그러니까 서로 평화롭게 살아가는 상태나 그러한 상태에 있는 국가를 의미한다고 봐도 크게 틀리지는 않는다. 물론 이 공화라는 개념은 이보다 훨씬 더 많은 의미를 담고 있다.

서구에서는 고대 그리스·로마와 함께 시작하는 정치적 역사 초기부터 이 공화(국)에 관한 정치철학, 곧 공화주의 철학 전통이 발전해왔다. 로마 공화국이 황제정으로 대체된 이후 이 정치철학은 잊힌 것처럼 보였다. 하지만 근대 태동기 베네치아나 피렌체 같은 이탈리아의 도시 공화국들에서 부활하여 영국과 미국의 정치적 형성에 큰 영향을 끼쳤고, 이후 자유주의에 의해 지배적 위치를 상실하기 전까지 오랫동안 유럽의 주류 정치철학으로 자리를 잡고 있었다. 오늘날 우리가 자유민주주의 체제로 알고 있는 헌정(입헌) 민주주의는, 자유주의로 인해 개인의 권리에 대한 강조를 더 많이 반영하고 있지만, 기본적으로 공화주의의 영향력 자장 속에서 발전한 것이다. 세계 최초의 민주공화국이자 우리 사회를 비롯한 전 세계의 많은 민주주의 국가의 모델처럼 여겨지는 미국의 헌정 체제도 이 공화주의에 크게 의존했다. 미국 헌정 체제는 고대 로마 공화국의 제도적 틀(가령 상원senate은 로마 공화국의 원로원을 모델로 했다)을 참조했을 뿐만 아니라 권력 분립을 강조했던 몽테스키외Montesquieu 같은 당시 공화주의자들의 영향을 크게 받았다. 19세기 말 이후 서구에서는 자유주의 정치철학이 압도적으로 지배해왔지만, 20세기 후반 들어 자유주의의 많은 한계에 대한 자각과 함께 다양한 색깔의 공화주의가 부활하고 있다.

  그런데 이 공화주의 정치철학의 기본적인 정치적 지향과 가치는 동아시아의 유교 정치철학과도 상통하는 측면이 있다(장은주 2024a, 특히 64 이하 참조). 조선이 국가 철학으로 삼았던 유교 전통은 대동大同 세상을 위한 '공동선의 정치'에 대한 지향 속에서 오랫동안 나름의 공화주의 전통을 발전시켰다. '천하위공天下爲公(세상은 모두의 것이다)'이라는 유교적 공화주의 이념은 조선을 비롯한 많은 동아시아 사회의 정치적 핵심 지향이었고, 성리학적 왕조 체제 또한 왕과 사대부의 공동 통치를 뜻하는 '군신공치君臣共治'를 구현한 모종의 원형적 공화정 체제였다. 이런 배경 위에서 구한말에는, 서구로부터 영향을 받았지만 나름의 내적 기반 위에서, 일종의 입헌군주제라고 할 수 있는

'군민공치君民共治' 체제로 조선 왕정을 변화시키려는 시도도 있었다.

바로 이런 전통의 배경이 있었기 때문에 1919년 3·1 운동 이후 상하이에서 우리 '건국의 아버지들'은 별다른 고민이나 주저 없이 '민주공화국(제)'을 독립된 새 나라의 근본 정체로 삼을 수 있었다. 그러니까 민주공화국 대한민국은 어떤 역사적 곡예의 산물이 아니라 우리 민족의 오랜 문화적·정치적 축적의 결과물이다. 물론 '민주공화국'이라는 개념 자체는 서구의 정치적 과정에서 태동하여 비서구로 확산된 것이다. 그러나 헌법적 문헌에서 국가의 정체성을 민주공화국이라고 규정한 것은 우리 임시정부의 임시헌장이 세계 최초인데, 이는 단순한 우연은 아니다. 우리 건국의 아버지들은 뚜렷한 역사적 자각 위에서 복국 이후 새롭게 건설될 나라의 근본 방향이 민주주의라는 기초 위에서 사회의 모든 구성원이 함께 공동선을 추구하는 '모두의 나라'인 공화국이어야 함을 선포하는 데 주저함이 없었다.

이런 맥락에서 나는 대한민국 건국의 바탕에 있던 정치철학이 단순히 서구의 모방이기만 한 것이 아니며 고유의 정치적 전통을 일정하게 계승한다는 면모 또한 있다고 생각한다. 그리고 이를 오늘날의 맥락에서 일정하게 재구성하여 발전시킬 필요가 있다고 생각한다. 나는 그것에 '**민주적 공화주의**'라는 이름을 붙인다. 이 민주적 공화주의는 서구의 공화주의 전통과는 다른 나름의 고유한 결을 지니고 있다. 서구의 공화주의 전통, 특히 오늘날 필립 페팃Phillip Pettit 등이 재구성하여 발전시키고 있는 '**신(로마)공화주의**'는 기본적으로 '**비-지배**non-domination **자유**'에 대한 지향을 핵심으로 한다(페팃 2012; 2019). 이 자유 개념은 단순한 '불간섭non-interference'을 의미했던 자유주의와는 다르게, 노예적 피지배 상태로부터의 해방에 초점을 두고 있다. 일본의 식민지 지배는 우리 민족 전체의 집단적 자유를 부정하고 억압했는데, 그런 의미에서 우리의 독립운동 전체는 바로 이런 의미의 비-지배 자유 개념을 실천적으로 내면화하고 있었다고 할 수 있다. 그래서 이런 개념은, 비록 명시적으로는 아니더라도, 건국 당시의 민주적 공화주의 정치철학에서도 중요한 역할을 했다고 볼 수 있다. 그런데 우리 현대사에서는 그런 자유 개념을 포괄하면서도 넘어서는 정치적 지향이 발전해왔다. 민주적 공화주의는 바로 여기에 주목한다.

      상하이 임시정부 이래 민주공화국 대한민국 건국의 철학적 기초를 닦았던 조소앙은 그런 정치적 지향을 유교 전통은 물론 우리 민족의 단군 신화와도 깊이 맞닿아 있는 '**삼균주의**三均主義'를 통해 정식화했다(조소앙 1983; 서희경·박명림 2007; 강정인·권도혁 2018). 이것은 나라 안으로는 모든 구성원의 정치, 경제, 교육의 균등을 추구했고, 좀 더 일반적 수준에서는 개인과 개인, 민족과 민족, 국가와 국가 사이의 균등을 추구했다. 조소앙은 이 삼균주의가 바탕하고 있는 '**균**均'**의 이념**이, 부족함보다는 고르지 못함을 걱정했던 공자 이래 유교 전통만이 아니라 사회 구성원 모두의 균형(수미균평위首尾均平位)을 지향했다는 단군 시대의 국가 이상도 잇는 것으로 이해했다.

   제헌헌법 이래 현행 헌법에도 녹아 있는 이 삼균주의는 한마디로 우리 민족을 노예 상태로 만든 일본의 억압적 정치체제를 극복하고 모든 시민이 평등한 존엄성을 누릴 수 있는 민주공화국의 건설을 지향했던 우리 고유의 민주적 공화주의 정치철학이었다. 여기서 모든 시민은 평등한 정치적 권리와 교육 기회를 향유하고 실질적인 물질적 독립 상태를 누릴 수 있을 때 진정으로 자유롭고 존엄한 삶을 살아갈 수 있다고 이해된다. 이 삼균주의는 비-지배 자유의 이상에 초점을 둔 오늘날의 신공화주의를 포함한 서구 공화주의 전통의 핵심 지향과 어긋나지 않으면서도, 시민들의 자유와 존엄의 실질적 토대를 분명하게 드러내는 나름의 고유한 시각을 보유하고 있다. 삼균주의에 기초해 재구성된 민주적 공화주의에서는 모든 시민의 평등한 존엄성이 가장 중요한 정치적 가치 또는 원칙이 된다.

서구 신공화주의가 발전시키고 있는 비-지배 자유 개념은 우리 사회의 맥락에서도 매우 타당하고 유용하다. 독립운동 전체는 이런 의미의 자유에 대한 추구라는 차원에서 이해할 수 있다. 그러나 이뿐만이 아니다. 앞서 우리는 제6공화국 헌법이 국가권력의 자의적 지배, 곧 공적 지배는 물론이고 시민들 사이의 사적 지배마저도 쉽게 허용하고 있음을 살폈는데, 비-지배 자유 개념은 이런 문제들에 대한 민감한 비판의식을 발전시킬 수 있다.

그러나 민주적 공화주의는 이보다 더 나아가야 한다. 비-지배 자유 개념만으로는 멀리는 동학의 '인내천人乃天'이념이나 조소앙이 건국의 토대로 삼으려 했던 삼균주의는 물론이고 노무현 대통령이 꿈꾸었던 '사람 사는 세상'에 대한 갈망 같은 것을 담아내기는 충분치 않아서다. 그래서 나는 비-지배 자유의 이상을 포괄하면서도 규범적으로 더 근원적이라고 할 수 있는 인간의 평등한 존엄성이라는 가치를 민주공화국의 도덕적 목적으로 삼을 필요가 있다고 본다. 그리하여 새로운 헌법은 비-지배 자유의 이상을 포괄하는 모든 시민의 평등한 존엄성의 보호와 실현

을 정치가 추구해야 할 궁극적인 도덕적 목적으로 삼아야 한다(장은주 2024a 121 이하).[6]

이런 기초 위에서 볼 때, 우리가 추구해야 할 공화의 원리 또한 그 의미가 분명해진다. 공화는 사회세력들 사이의 무분별한 타협도, 강자의 약자에 대한 억압을 허용하는 공존도 아니다. 공화는 시민 모두의 평등한 존엄성에 대한 상호인정의 체제를 의미해야 한다. 공화의 체제에서는 사적이거나 공적인 차원 모두에서 시민에 대한 자의적 지배의 가능성이 적극적으로 차단되어야 한다. 또한 모든 시민이 가장 기본적인 수준에서 **존엄한 인간적 삶의 '가능성**capability[7]'을 영위하도록 보장되어야 한다.

다시 우리의 애초 논의 맥락으로 되돌아와서 보면, 이렇게 재구성된 민주적 공화주의는 제6공화국 헌정 체제의 근본적 한계를 잘 드러내줄 뿐만 아니라 우리가 어떤 방향으로 이 체제를 개혁해야 할지와 관련해서도 좋은 지침을 준다.

무엇보다도 제7공화국의 새 헌법은 한편으로 사법통치나 검찰통치 같은 공적 지배의 가능성을 최대한 차단해야 할 뿐만 아니라 시민 모두가 기본적인 인간적 필요를 충족할 수 있도록 보장해야 한다. 그런 보장에 어떤 절대적 기준을 정할 수는 없더라도 우리 사회가 감당할 수 있는 수준에서는 어느 누구도 인간다운 삶의 가능성에서 배제되지 않도록 해야 한다. 광의의 사법 체계(사법부와 검찰)에 대한 민주적 통제 장치를 담을 뿐만 아니라, 기본적인 경제생활 영위, 교육, 주거, 의료, 문화적 향유 등과 관련한 '**사회권**'을 획기적으로 강화해야 한다(조국(편), 2017 참조).

나아가 새 헌법은 지금의 사이비 자유민주주의가 허용하는 소수 엘리트의 지배를 넘어서 이를 체계적으로 견제하고 시민의 주권성과 정치적 중심성을 온전히 보장해야 한다. 서구 전통에서 공화주의는 '시민 공화주의 civic republicanism'로 불리곤 했는데, 그것은 공화주의가 시민적 덕성 civic virtue과 시민 참여의 역할에 대한 적극적 인정과 연결되는 적극적인 시민성 citizenship을 강조했기 때문이다. 역사적으로도 공화국은 왕이나 소수 귀족이나 엘리트들이 지배하는 나라가 아니었다. 평범한 시민들도 아주 강력한 정치적 참여의 기회와 권리를 누렸다. 우리 민주주의의 발전 과정에서도 동학이나 독립운동은 물론 4·19와 5·18을 거쳐 6월 항쟁과 최근의 '촛불혁명'과 '빛의 혁명'에 이르기까지 '시민 정치'는 늘 핵심적 역할을 했다. 오늘날의 '민주적' 공화국에서는 당연히 그런 시민들의 주권성이 가장 중요한 정치적 지배 정당성의 원천으로 강조되어야 한다. 이런 의미에서 제7공화국은 공화적일 뿐만 아니라 훨씬 더 민주적인 공화국이어야 한다. 그 요체는 선거는 물론이고 일상적이고 다양한 수준에서 시민들의 적극적인 정치 참여가 보장되어야 한다는 데 있다.

특히 정치적 결정에 대한 견제와 이의 제기, 다양한 저항 가능성을 법과 제도라는 장치로 확보하는 것이 필요하다. 사법에 대한 민주적 통제는 물론, 엘리트들의 정치적 권력 독점을 막고 보통 시민들의 민주적 숙의를 통한 공동선 추구를 보장하는 헌정적이고 일상 정치적인 장치들이 마련되어야 한다. 제6공화국 헌법의 근본적 한계, 특히 소수 엘리트의 지배 허용이라는 한계는 기본적으로 그 헌법이 시민 참여 없이 밀실 속에서 정치인들만의 합의로 탄생했다는 사정과 무관하지 않다. 새 헌법은 제정 과정에서부터 시민들의 참여를 광범위하게 열어놓아야 한다. 또한 헌정 체제 안에 정치적 의사결정 과정 관련 시민 참여와 견제 가능성을 확고하게 명시해야 한다.[8]

4. 새로운 공화적 헌정 체제 구상: 'K-민주주의'를 위한 제안

물론 오늘날의 조건에서 대의제 민주주의 또는 '대표제 민주주의'의 중심성은 부정될 수 없다. 오늘날 민주주의 정치는 기본적으로 정당정치일 수밖에 없다. 지금 우리에게 절실하게 필요한 것은 새 헌법이 만들어낼 정치 체제가 이 정당정치를 자기 파괴적 덫을 내재한 전쟁 정치가 아니라 **공동선의 정치**로 이끌도록 하는 것이다. 공동선은 특정 계급이나 계층만이 아니라 정치공동체를 이루는 모든 구성원이 수용할 수 있는 이익이나 가치를 뜻한다. 다양한 사회·정치세력 사이에서 나름의 공동선에 대한 합의와 더불어 일정한 타협과 균형을 이뤄내지 못하는 어떤 정치공동체도 지속적인 안정성을 확보할 수 없다. 제6공화국 헌정 체제는 바로 이 지점에서 크게 실패했다. 제7공화국은 이 공동선의 정치를 정치 문화 수준에서만이 아니라 헌정적 제도와 원리 차원에서도 실질적으로 가능하게 해야 한다.

관건은 공동선에 대한 추구를 어떻게 다양한 사회세력 사이의 권력 분점과 견제와 조화를 가능케 하는 헌정적 틀로 번역해낼 것인가이다. 지금까지의 한국 민주주의는 근본적으로 이런 공동선의 정치를 불가능하게 하는 민주주의였다. 정치 행위자들이 맹목적 권력 획득에만 매달리도록 강제했던 정치 구조와 제도적 틀 속에서 노무현 대통령의 비극적 죽음과 박근혜 대통령 탄핵은 양 진영에 깊은 절망과 상대에 대한 극단적 분노를 야기했다. 바로 그 바탕 위에서 지금과 같은 전쟁 정치가 활성화되었고, 급기야 12·3 계엄과 같은 민주주의의 붕괴 시도로까지 이어졌다.

제7공화국의 새로운 공화적 민주주의 체제에서는 이해관계와 지향을 달리하는 다양한 사회세력들이 갈등 속에서도 권력을 분점하면서 적극적으로 공동선을 모색할 수 있어야 한다. 그러기 위해서는 갈등 관계에 있는 여러 사회세력 모두가 공유하고 수용할 수 있는 규범과 민주적으로 정의로운 절차를 확립하고 모두가 이를 따라야 한다. 다시 말해, 서로를 절멸의 대상으로 여기지 않고 서로 상대를 인정하고 존중하면서 어느 쪽에도 일방적으로 유리할 수 없는 경쟁의 절차를 마련해야 한다. 또 그 바탕 위에서 경쟁의 승자라도 모든 것을 차지할 수 없도록 권력 분점과 상호 견제의 기제를 만들어내야 한다.

그러나 우리가 찾아내야 할 새로운 공화적 헌정 체제는 단순히 어떤 이상적인 민주주의 모델을 설계하거나 선진적 민주주의를 실천하고 있는 다른 나라들에서 모방하여 도입하는 식으로는 확립될 수 없다. 새로운 헌정 체제는 말하자면 일종의 '현실주의적 이상주의'의 관점에서, 그러니까 우리가 지금껏 만들어온 구체적인 정치 현실에서 출발하되 그 현실이 마주한 문제들을 해결하는 바람직한 방안을 차근차근 도출하는 방식으로 마련되어야 한다. 헤겔 말마따나, 모든 현실적인 것은 이성적인 것이기도 하다. 지금 우리가 운용하고 있는 87년 체제 민주주의는 우리 역사 속에서 그 필요가 인정되고 이념적 색채가 다양한 정치세력들이 수용하는 과정에서 확립되고 유지되고 있다고 해야 한다. 물론 불가피한 시대의 변화에 따라 그 한계 또한 이제 분명해지고 있다. 새로운 헌정 체제의 모색은 그 87년 체제가 새로운 실천적 합리성을 갖추기 위한 자기혁신이라는 차원에서 이루어져야 한다. 앞으로 더 깊은 시민적 토론이 있어야 하겠지만, 민주적 공화주의의 관점에서 바람직해 보이는 새 헌정 질서의 큰 윤곽을 아래에서 제안하고자 한다.

우선 분명히 해둘 것은 우리의 과제를 헌법개정으로 한정해서는 안 된다는 것이다. 지금 우리의 헌정 질서에서 문제는 단순히 제왕적 대통령제만이 아니다. 이 제도는 필연적으로 적대주의적 정치 양극화를 낳을 수밖에 없는 단순다수결 국회 구성과 연결되어 민주적 정치 과정의 숨통을 틀어쥐고 있다. 헌법재판소도 판결문에서 지적한 12·3 내란의 중요한 정치적 배경이 바로 이것이다.

그런 만큼 대통령 중심의 권력구조와 국회의원 선거제도를 함께 연동하여 개혁하는 과정 없이는 지금 우리 민주주의가 안고 있는 위기 상황을 극복할 수 없을 것이다. 헌법만이 아니라 선거제도를 포함한 헌정 체제 전체가 개혁되어야 한다는 말이다.

이상적으로만 보면, 전쟁 정치를 끝낼 수 있는 가장 좋은 제도적 해법은 우리의 정치체제를 비례대표제를 통한 다당제 기반의 의회중심제(내각제)로 바꾸는 것이다. 그렇게 하면 서로 다른 이념과 지향을 지닌 여러 정당이 서로를 존중하면서 합의하고 조율해서 정치적 선택을 끌어내는 **합의제 민주주의**가 가능하다. 이런 맥락에서 독일 민주주의 체제는 우리의 모범이고, 실제로 우리 사회는 진보 진영을 중심으로 이런 독일 모델을 모방하려고 시도해왔다. 그러나 지금 와서 보면 이런 시도는 결과적으로 실패했다고 해야 한다.

멀리는 조선 왕조라는 역사적 배경과 아마도 그 영향으로 시행해온 70년 가까운 대통령제의 경험 때문인지, 우리 시민들은 의회중심제를 선호하지 않는다. 1987년의 민주화가 대통령 직선제의 쟁취에 초점을 두었다는 경험도 크게 작용하는 것 같다. 아마도 대통령제는 한국 민주주의의 강한 경로 의존성 때문에 쉽게 폐기될 수는 없을 것이다. 역사적으로 민주화 그 자체로 이해된 대통령 직선제를 의회중심제로 바꾸는 식의 민주주의 모델 변경에 대해 국민적 합의가 쉽게 형성될 수 있을까?

아마도 **분권형 대통령제** 정도가 사회적 합의가 가능한 최대치일 것이다. 흔히 '이원집정부제'나 '준-대통령제'로 알려진 이 체제에서는 민주적 정당성을 갖는 대통령과 의회라는 두 권력 중심이 서로 견제하고 보완하며 함께 통치한다. 권력을 나누는 다양한 모델이 있을 수 있지만, 일반적으로 대통령은 국민 전체의 일반적 이익과 관련된 영역, 그러니까 외교나 통일 또는 안보 같은 영역을 맡고 의회의 다수당 또는 다수파 연합이 국민들 사이의 다양한 이해관계를 조율하며 내치를 담당한다. 이런 체제라면 지금의 극한적인 전쟁 정치 상황이 최소한 상당한 정도로는 완화될 수 있을 것이다.

그러나 설사 제왕적 대통령제를 책임 총리를 두는 분권형 대통령제로 바꾼다고 해도, 지금과 같은 양당제에서는 빈번하게 출현할 여소야대 '동거 정부'가 새로운 차원의 문제를 낳을 것임이 틀림없다. 어디까지가 대통령의 권한 영역이고 어디서부터 총리의 일인지가 늘 분명하게 구별되기는 어렵기 때문이다. 가령 통상은 외교 영역에 속할 수도 있지만, 경제라는 내치 문제일 수도 있다. 이런 문제를 해결하려면 국회는 국무총리의 선출 과정에서 '추천권' 정도만 가지는 게 합리적일지도 모른다. 그러나 어떤 경우에도 대통령의 많은 권한은 축소되고 분할되어야 한다. 이에 대해서는 다양한 방안이 제시될 수 있지만, 하나의 방안은 대통령의 법률안 거부권을 제한하는 것이다. 그러나 지금의 국회 구성과 운용 방식을 그대로 두고서는 그런 제한은 또 다른 문제를 낳을 수 있다. 그래서 국회의 구성 방식과 권한도 재조정될 필요가 있는데, 무엇보다도 선거제도를 바꾸어야 한다.

현행 국회의원 선거제도는 단순다수결 승자독식의 원리에 기초하는 소선거구제다. 이 제도의 문법은 거의 필연적으로 양당체제를 유도하고, 두 거대 정당에 수렴되지 않는 많은 정치적 세력과 그들의 입장이 정치적으로 대변되지 못하도록 강제한다. 게다가 우리 사회에서는 이 제도가 지역주의마저 첨예화한다. 이 제도에서는 가령 호남의 국힘당 지지자들이나 영남의 민주당 지지자들은 자신들을 대변할 국회의원을 뽑을 수 없고, 군소정당 지지자들도 지역구를 통해서든 비례대표를 통해서든 자신들의 정치적 의지를 정치 과정에 반영할 방법을 찾기 힘들다. 이들은 '결선투표'가 없는 우리 사회 상황에서는 박빙의 선거가 펼쳐지면 이른바 '사표' 논란에도 시달리게 된다. 쉽게 말해 이 제도에서는 모든 유권자의 한 표가 똑같은 가치를 지니지 못한다.

물론 단순다수결 선거제도 자체를 비민주적이라고 단언할 수는 없다. 어차피 대표제 민주주의에서 주권자들의 뜻은 어떤 식으로든 일정한 한계 안에서만 정치 과정에 반영될 수밖에 없는데, 단순다수결 소선거구제는 가장 직관적으로 수용될 수 있는 제도임이 틀림없다. 가장 오래된 민주주의 국가들인 영국이나 미국도 수백 년 동안 이런 제도를 운영하고 있다. 아마 우리도 단순다수결 선거제도를 쉽게 바꾸기는 힘들 것이다. 정치적 관성의 힘이 너무도 크기 때문이다.

무엇보다도 현 제도에서 큰 이득을 보고 있는 민주당은 물론이고 이 제도의 피해자일 수도 있는 국민의힘마저 강하게 이 제도의 개혁에 반대할 가능성이 크다. 어떤 면에서 보면 12·3 내란은 지난 총선에서 국민의힘이 대패한 데서 비롯되었다고 할 수 있다. 그러나 사실 전체 지지율로만 놓고 보면 국민의힘은 민주당에 비해 근소하게만 적은 의석을 차지하는 게 마땅했다.[9] 그랬더라면 윤석열은 계엄과는 다른 정치적 해법을 모색했을지도 모른다. 그러나 이 당은 두 번 연속이나 비슷한 총선 성적표를 받아 놓고도, 그리고 어쩌면 앞으로도 계속 같은 상황이 반복될 수 있을 텐데도 이런 문제를 해결할 비례대표제 확대에는 계속 반대해왔다. 아마도 국민의힘으로서는 영남 지역의 절대적인 정치적 맹주 역할을 포기하지 않고 싶어서일 것이다.

이런 문제를 보완하기 위해 필요한 게 독일식 연동형 비례대표제다. 독일은 유권자들의 뜻을 좀 더 직접적이고 구체적으로 정치 과정에 반영할 수 있는 지역구 소선거구제의 장점은 살리면서도 정당 지지율에 비례해서 의석을 할당하는 방식으로 의회의 의석을 배분한다. 정당투표로 정당별 총 의석수를 결정한 다음, 지역구 당선자 수를 뺀 나머지 의석을 비례대표로 배분하는 방식을 쓴다. 지역구로 선출된 의원 수와 비례대표 의원 수는 기본적으로 1:1 비율이다. 이런 제도는 원칙적으로 모든 시민의 다양한 정치적 지향이 고스란히 의회에 반영될 수 있게 하는 근본적인 장점이 있다.

그러나 이런 제도를 정치적 역사와 토양이 다른 우리 사회에 무턱대고 도입하는 일이 결코 쉬운 것도 아니고 반드시 바람직한 것도 아니라는 사실이 그동안 분명하게 확인되었다. 우리 정치권은 오래고 고된 정치적 협상과 타협 끝에 이른바 '준연동형'이라고 규정되는 비례대표제를 도입했지만, 두 거대 정당의 위성정당 창당으로 인해 군소 정당의 입지는 더 좁아지고 외려 양당체제는 더 강화되고 말았다. 위성정당을 금지해야 한다는 요구와 이를 위한 제안들이 있었지만, 현실적으로 이를 막을 방법을 찾지는 못했다.

국회의원 선거제도 개혁과 관련해 가장 큰 장벽은 국회의원 정원수 변경에 대한 저항이다. 한때 선거관리위원회가 지역구 의석을 200석으로 줄이고 비례대표 의석을 100석으로 늘이는 **권역별 비례대표제**를 제안한 적이 있는데, 여야 정당들은 이를 모두 거부했다. 재선에 목숨을 걸 수밖에 없는 국회의원들이 지역구 의석을 대폭 줄이자는 안에 찬성할 리 만무했다. 독일처럼 지역구와 비례대표의 의석 비율을 1:1로 해서 두 제도의 장점을 이상적으로 조화시키려면, 그리고 현행 지역구를 그대로 두어 현역 의원들의 이해관계에 반하지 않으려면 국회의원 정수를 늘리는 수밖에 없다. 사실 한국은 의원 1인이 대변하는 시민들의 수가 다른 국가들에 비해 너무 많기도 하다. 그러나 우리 국민들은 '정치 혐오' 때문에 지금 국회의원 수도 너무 많다고 여긴다. 무언가 다른 돌파구를 찾아야 한다.

이런 배경 위에서 나는 **한국형 양원제**의 도입을 제안한다. 이 모델의 핵심 아이디어는 '선거 방식과 역할을 달리 하여 구성하는' 양원제에 있다.[10] 일단 '**민주원**'

정도로 이름을 붙일 수 있을 하원은 '순수 단순다수결제'에 기초하여 구성한다. 지금의 우리 국회 구성 원리와 근본적으로 다르지 않은 만큼, 현재의 국회 구성 방식은 큰 틀에서 그대로 두면 된다. 그러나 '**공화원**'이라고 이름을 붙일 수 있을 상원은 '비례대표제'로 구성한다. 지금의 우리 국회에서 비례대표제 몫을 분리해내고 좀 더 확장해서 권역별로 선출하여 구성한다. 여기서 하원은 분권형 대통령제에서 총리 추천·불신임 권한을 독점적으로 가지고, 대신 상원은 하원에서 제출된 법안에 대한 거부권을 가진다.

  대통령의 법률안 거부권을 상원에 이월하면 우리 정치의 양태는 근본적으로 달라질 수 있을 것이다. 단순다수결로 구성되는 하원에서는 거의 필연적으로 양당제가 형성되겠지만, 대신 정부 구성의 안정성이 확보되고 민주적 책임성도 분명해진다. 반면 완전한 연동형 비례대표제로 의석이 배분되는 상원에는 하원의 주류 양당은 물론 여러 소수 독립 정당들도 함께 진출하여 다당제가 형성될 것이다. 여기서 위성정당 문제는 전혀 고민할 필요가 없다. 거대 정당들도 상원에서는 지지율만큼만 의석을 갖게 되기 때문이다. 하원에서 의결된 법률안의 합리성과 위헌성 등을 심의할 상원에서 여당은 과반수가 넘는 의석을 차지할 가능성이 희박하고(상원이 비례대표제로 구성되기 때문이다), 따라서 소수 정당과의 연합 없이는 어떤 법률안도 쉽게 통과시킬 수 없게 된다. 이렇게 되면 승자독식형 제왕적 대통령제와 결합한 양당제가 빚어내는 적대주의적 정치 양극화는 결정적으로 완화되면서 문제 해결적 숙의 민주주의가 작동하게 될 것이다.

공화적 민주주의의 이상을 추구한다고 해도, 현실적으로 지금과는 완전히 다른 권력구조와 정치 제도를 도입하는 건 쉽지 않을 것이다. 그렇기에 나의 제안은 국무총리가 있는, 사실은 세계적으로 유례가 없는 현재의 제왕적 대통령제를 좀 더 건설적으로 발전시키고, 단순다수결제와 비례대표제를 혼합하고 있는, 사실은 역시 한국에만 독특한 지금의 국회 구성 원리를 좀 더 생산적으로 개선해보자는 데 초점이 있다. 우리가 발전시켜왔고 또 계속해서 발전시켜야 할 'K-민주주의'는 세계의 다른 민주주의 모델을 참조하되 우리의 역사적 경험, 정치적 전통과 조건에 맞는 창조적인 민주주의여야 할 것이다. K-민주주의의 미래를 위한 우리의 상상력과 토론을 위한 공간을 활짝 열어 보자.

5. 나오며

윤석열의 내란과 더불어 우리 사회에서도 파시즘은 과거나 외국의 역사적 현상이거나 정치적 수사이기만 한 게 아니게 되었다. 이제 우리는 다시는 12·3 내란 사태 같은 일이 반복되지 않도록 우리 민주주의의 틀을 새롭게 재구성해야 한다는 정언명령 앞에 서 있다. 현행 헌법 때문에 내란이 일어난 것은 아니다. 또 그 헌법 덕분에 윤석열을 견제하고 탄핵할 수 있었던 것도 맞다. 그러나 12·3 계엄은 조금만 더 정교하게 기획되고 몇 가지 우연이 내란 세력에게 유리한 방향으로 작동했더라면 성공할 수도 있었다. 생각만 해도 아찔하다. 대통령에게 과도한 권력을 집중시킨 우리 헌법의 허점 때문이다. 문제는 이것만이 아니다. 시민의 압력으로 국회의 탄핵 의결을 끌어내고도 헌법재판소의 최종 탄핵 인용 결정을 초조하게 기다리던 110일 넘는 날들을 떠올려 보라. 이런 식의 상황 전개 가능성을 원천적으로 차단하는 제도적 틀이 마련되어야 하지 않을까?

민주적 새 정부의 출범이 내란 종식의 출발점인 건 맞지만, 참된 내란 극복은 다시는 내란을 기획하는 일 자체가 불가능하게 만들 뿐만 아니라 현실적이거나 잠재적인 내란 세력이 아예 성장할 수 없도록 민주적 헌정 질서를 재구축함으로써만 가능할 것이다. 그러나 이번에 계엄을 옹호하거나 윤석열 탄핵에 반대했던 많은 정치인과 일반 국민, 곧 잠재적 극우 파시즘 세력을 전부 법적으로 단죄하겠다고 나설 일이 아니라면, 그들에게도 일정한 정치적 공간을 열어 두되 민주적으로 순치馴致하고 그들이 국가권력을 장악하거나 남용할 수 없도록 만들어야 한다. 우리 민주주의를 공화화하는 게 필요한 이유다.

　　　　이런 관점에서 보면, 개헌의 요체는 현행 헌정 체제의 근본적 한계들에 대한 철저한 인식 위에서 우리의 민주적 헌정 질서가 극우 파시즘 세력 같은 적들에 의해 침탈당하여 무너지지 않도록 할 수 있어야 한다는 데 있다. 물론 이를 위해서는 여러 대안이 제시될 수 있을 것이다. 그러나 우리는 한국 민주주의가 발전해온 역사성과 그것이 강제하는 경로 의존성을 충분히 고려하면서도 현실적으로 확인된 우리 헌정 질서의 약점을 보완하는 한국형 민주주의, 이른바 'K-민주주의' 모델을 발전시킬 수 있어야 한다.

　　　　'민주적 공화주의'라는 대원칙은 우리가 통상적으로 이해하고 있거나 윤석열 등에 의해 왜곡되어 수용되고 있는 자유민주주의와는 많은 점에서 다른 새 민주 헌정 체제의 기본 방향을 제시해줄 수 있다. 물론 불간섭-자유라는 이상 그리고 권리 보장적이고 제한적인 국가라는 헌정적 이상과 함께 발전해온 자유민주주의의 역사적 성취를 가볍게 여겨서는 안 된다. 그러나 이 체제는 앞서 살펴본 바와 같은 근본적인 문제들을 피해갈 수 없다. 더욱이 우리 사회에서 그 체제는 사법통치와 검찰통치를 가능하게 하는 식으로 왜곡되기까지 했다.

심지어 자유민주주의는 유일하게 가능한 입헌 민주주의도 아니다. 최선의 입헌 민주주의도 아니다. 민주적 공화주의는, 시민 개개인의 비-지배 자유와 존엄성을 보호하기 위한 국가의 적극적 역할을 긍정하지만, 수평적 권력 분립과 수직적인 민주적 통제의 원리를 결합하여 국가가 그 자체로 지배의 원천이 되는 상황을 견제할 수 있는 새로운 입헌 민주주의 체제를 추구한다.

지금껏 현행 제6공화국 헌법이 어떤 지점에서 윤석열의 내란까지 일어나게 할 정도로 우리 사회의 정치를 병들게 한 것인지를 살펴보고, 민주적 공화주의라는 정치철학적 관점에서 요청되는 새로운 민주적 헌정 체제의 기본 원리와 권력구조의 대강을 살펴보았다. 그러나 나의 제안은 어디까지나 추후의 시민적 숙의를 위한 잠정적인 제안일 뿐임을 밝힌다. 시민적 참여 없는 개헌은 민주적 공화주의의 기본 원리에도 어긋날 뿐만 아니라 궁극적으로 실현되기도 힘들다. 이 제안을 기초 삼아 향후 많은 토론이 이어지기를 희망한다.

II

돌봄

2장

돌봄

안숙영, 이나미

1. 돌봄, 왜 지금 중요한가?

돌봄은 누군가를 보살피는 행위뿐 아니라 다른 존재에 대한 관심, 배려, 우려도 의미하는 매우 넓고 깊은 개념이다.[11] 사실상 돌봄은 지구상 모든 존재의 기본적 존재 여건, 존재의 기초라고 할 수 있다. 인간에 초점을 맞추어 정의할 경우, 돌봄은 인간 각자가 고충과 고통을 피하며 자기의 필요를 충족하고 자기실현의 가능성을 구현하게 하는 모든 활동이라고 할 수 있다. 즉, 돌봄은 "사람들이 사회에서 생존, 발달, 기능할 수 있도록 이들의 생물학적으로 긴요한 필요를 충족하고 기초 역량을 발달·유지하며, 불필요하거나 원하지 않는 고통과 고충을 피하거나 완화하도록 돕기 위해 우리가 이들에게 직접적으로 하는 모든 것"이라고 할 수 있다(잉스터 2017; 박동욱·김대환 2021). 더 나아가 돌봄은 "모든 인간의 정신적, 육체적 건강 그리고 관계의 온전함을 유지하는 근본"이며, "인간이 자신과 공동체의 안녕을 위해 실천하는 일상 행동"이라고 할 수 있다(달리사·데마리아·칼리스 2018). 이처럼 돌봄은 인간과 사회의 온전한 갱신, 재생에 가장 기본적이고 일상적으로 요구되는 실천이다.

하지만 이렇게 중요한 것임에도 돌봄의 가치

는 온당히 평가되지 못했고 지금도 그렇다. 이제는 인간의 생존과 번영을 위해 요구되는 돌봄의 막대한 중요성을 인정해야 한다. 나아가 그런 인정에 기초해 돌봄 가치를 원칙으로 하는 새로운 세상에 대한 비전이 필요하다. "돌봄이 삶의 모든 수준에서 우선시되고 중심에 놓이는 사회적 이상"으로서의 '보편적 돌봄' 모델이 상상되고 논의되어야 한다는 말이다. 또한 보편적 돌봄은, 그 대상이 인간에게만 국한되어 이해되어서는 안 된다. 즉 "직접적인 대인 돌봄뿐 아니라 공동체를 유지하고 지구 자체를 유지하는 데 필요한 모든 종류의 돌봄에 대해 모두가 공동의 책임"을 지는 것이 무엇보다 필요한 시점이다(더 케어 컬렉티브 2021).

오늘날까지 돌봄의 가치가 온당히 평가되지 못한 사정에는 근대 철학의 **이원론**과 **자유주의 철학**이라는 문제적 요소가 그 근저에 깔려 있다.

이른바 근대 철학은 몸, 감각, 감정을 경시하고 이성과 합리성을 중시하면서 몸과 자연을 대상화하고 과학기술적 진보를 무한 신뢰하며 경제성장을 당연시했다. 한편, 이러한 관념이 경쟁, 서열화, 전쟁, 자본주의적 착취, 인간관계의 단절, 공동체 붕괴, 자연파괴라는 비극의 한 원인이 되었다는 성찰이 이루어지면서 관계, 관심, 돌봄을 존재 간 관계의 기초로 보는 철학이 등장하기 시작했다(이나미 2025).

돌봄의 중시는 자유주의가 전제하는 자유로운 개인들 간의 계약 개념에 대한 비판으로도 이어졌다. 예를 들면, 아이가 부모로부터 받는 돌봄은 쌍무적·교환적 계약 관계에서 비롯된 것이 아니라는 것이다(김희강 2016). 정반대로 돌봄은, **자유로운 개인**이라는 것이 실은 불가능한 것이기에 요청된다고 할 수 있다.

이처럼 돌봄 가치를 인정하는 일은 근대 자유주의의 전제를 허무는 일과 연동된다. 이런 맥락에서 돌봄 가치의 인정은 우리를 "서구 근대성의 관념, 가치, 제도 밖으로 끌어내는 것"에 다름 아니다. 그것은 돌봄을 '자율적 개인에게 배분할 유한한 자원'이나 '여성적 미덕'으로 보는 자유주의적 접근을 넘어서려는 정치적 사고와 행위의 접근법이라고 할 수 있다(Woodly, Brown, and Marin et al. 2021).

돌봄 가치의 폄훼는 자본주의의 성장에 따른 필연적 결과물이기도 하다. 근대 자유주의로 정당화되는 자본주의 경제는 재화와 서비스를 생산하는 임금노동만을 가치 있는 것으로 간주하는 반면, 임금노동을 뒷받침하는 무급 노동으로서의 돌봄의 가치는 평가절하하는 방식으로 작동 가능한 시스템이다(안숙영 2023). 자본주의 경제의 이러한 근본적 한계는 신자유주의 시대에 들어와 돌봄을 개인의 책임으로 간주하는 경향으로 곧장 이어졌다. 같은 맥락에서 국가의 돌봄, 즉 복지 혜택을 받는 사회적 약자는 납세자의 세금을 축내는 게으르고 비도덕적인 인물들로 간주되곤 했다(김희강 2016).

이러한 상황에서 적절한 돌봄이 제공되지 못하는 위기적인 상황이 장기간 지속되었다. 병원과 요양원의 민영화와 주식시장 상장이 가속화되면서 성장에 대한 압력과 돌봄 노동력에 대한 압박이 더욱 커졌다. 즉, 성장을 위해 비용을 절감해야 한다는 경제적 구속하에서 돌봄 인력의 노동 강도가 과부하 상황에 놓인 가운데, 그 노동 가치가 온당히 인정되지 못하는 상황이 이어졌다(Wichterich 2021; 안숙영 2023).

특히 코로나19 팬데믹은 여성, 노인, 아동 등 사회적 약자에게 더욱 가혹하게 다가오면서 돌봄 위기를 불러왔다. '사회적 거리두기'로 직장, 학교가 문을 닫으면서 가정 내 돌봄이 늘어났고 '돌봄은 여성의 일'이라는 낡은 전통이 복귀했다. 그리고 일터에서도 감염의 위험을 무릅써야 하는 병원과 요양원 등의 돌봄 노동자는 그 대다수가 여성이었다. 팬데믹이 지속되는 가운데 과중해진 여성들의 수고로움이 다시 주목을 받으면서, 공적 영역에서 돌봄의 가치를 재평가하고 돌봄 행위를 재배치할 필요성이 생겼다. 그러나 대다수 부유한 국가들은 돌봄 중심의 새로운 사회적 합의를 추구하는 대신, 타국의 저임금 노동자들에게 돌봄을 전담시킴으로써 문제를 해결하고자 했다. 이런 맥락 속에서 비히터리히Christa Wichterich는 '**돌봄 채굴주의**'라는 개념을 통해 돌봄 행위에 정당한 가치를 부여하지 않은 채 저임금 노동자, 자연, 타국민, 타인종에 기생하여 돌봄을 해결하는 부유한 국가들의 '**제국적 생활양식**'의 문제점을 비판하기도 했다(안숙영 2023).

이처럼 코로나19 팬데믹은 돌봄 문제를 사회의 표층으로 끌어올렸다. 기후위기의 가속화 역시 기후재난 대응과 기후 적응을 위한 돌봄이라는 주제를 중요한 사회 의제로 요구했다. 그리하여 삶, 사회관계, 정치의 방식을 근본적으로 바꾸는 새로운 이론, 규범, 제도, 실천으로서의 돌봄을 사고해야 할 때라는 인식이 생겨났다.[12] 철학적·도덕적 맥락을 넘어 사회적·정치적 맥락을 강조하는 추세로 돌봄 논의가 나아간 것이다. 트론토Joan C. Tronto, 잉스터Daniel Engster, 세븐후이젠Selma Sevenhuijsen 등은 돌봄을 "힘의 균등한 배분을 위한 민주적 정책의 기초"로 이해하면서 도덕적 개념을 넘어선 정치적 개념으로 돌봄을 규정했다(나상원 2024).

이런 시대적 흐름의 결과로, 유엔은 2023년 7월 총회에서 10월 29일을 '국제 돌봄과 지원의 날'로 지정했다. 동시에 돌봄은 사회와 경제에 중요한 역할을 한다는 것, 성평등과 지속가능한 사회를 지향해야 한다는 것, 돌봄은 '선의'가 아닌 '사회적 권리'라는 것을 강조했다. 국제노동기구(ILO) 또한 2024년 6월 「양질의 일자리와 돌봄 경제에 관한 결의안」을 채택하며, 돌봄 노동의 인정Recognition, 무급 돌봄 노동의 감소Reduction, 돌봄 부담 재분배Redistribution, 돌봄 노동에 대한 적절한 보상Reward, 돌봄 노동자의 대변Representation 등 5가지를 핵심 원칙으로 제시했다.

그러나 이처럼 돌봄을 강조하는 국제적 흐름과는 무관하게 현재 한국사회의 돌봄 현실은 여전히 매우 열악하다. 환자, 장애인, 노인에 대한 돌봄을 가족이 주로 감당하는 상황에서 간병의 신체적·정신적·경제적 부담이 매우 크다. 돌봄 노동의 가치도 여전히 저평가되고 있다. 돌봄과 상관관계가 밀접한 사회문제를 OECD 국가와 비교해 보면 노인 빈곤율 1위, 노인 자살률 1위, 합계 출산율 3년 연속 최하위, 아동복지 최하위, 장애인 복지예산 최하위라는 통계를 접할 수 있다. 더욱이 현재 한국은 초고령화 사회로 진입하고 있고, 중증 환자 비율도 증가하고 있다.

이러한 상황으로 인해 돌봄받을 권리뿐 아니라 돌볼 권리도 포함하는 **돌봄권** 개념이 주장되고 있다. 트론토는《돌봄 민주주의》에서, 돌봄은 사적 영역이 아닌 정치적 영역에 속한 것이며, 돌볼 권리, 돌봄을 받을 권리, 그리고 이러한 권리들이 모두 보장되도록 의료, 노동, 사회복지 등의 정책이 재고되어야 한다고 강조한다. 또한 이러한 의미의 돌봄권을 확실히 보장하려면 개헌이 필요하다는 목소리도 적지 않다. 개헌을 통해 돌봄의 가치와 실현을 명문화할 필요가 있다는 것이다. 이제는 돌봄을 공적 가치를 지닌 중차대한 정치적 문제로 바라보며 국가의 돌봄 책임을 헌법에 명기해야 한다는 것이다. 같은 맥락에서 현행 헌법이 돌봄에 관한 국가의 책임을 직접적으로 언급하고 있지 않다는 점이 문제로 지적되고 있다(김희강 2016).

2. 돌봄 관련 현행 헌법, 무엇이 문제인가?

현행 헌법은 돌봄에 관해 일정한 규정들을 두고 있지만, 그 규정들은 돌봄에 관한 편협한 관점에 입각해 있다는 점에서 매우 문제적이다. 현행 헌법의 돌봄 관련 규정은 사회보장·사회복지의 증진에 노력할 의무(제34조 제2항), 여자의 복지와 권익의 향상을 위하여 노력할 의무(제34조 제3항), 노인과 청소년의 복지 향상을 위한 정책을 실시할 의무(제34조 제4항), 신체장애자 및 질병·노령 기타의 사유로 생활능력이 없는 국민을 보호해야 할 의무(제34조 제5항), 모성 보호를 위한 노력(제36조 제2항) 등이다(김희강 2016). 그런데 국민의 사회보장·사회복지 증진이나 여성·노인·청소년·장애인의 복지 증진에 관한 이러한 조항들은 주로 사회적 약자나 개인의 사회경제적 생존을 지원한다는 취지에 묶여 있다. 즉, 출산, 보육(육아), 교육(사회화), 건강(의료), 사회복지(기본적 안녕), 평생교육(자기실현) 등을 포함하는 포괄적이고 보편적 의미에서의 돌봄을 의미하는 조항이라 보기는 어렵다.

    돌봄에 대한 이같은 제한적 관점은 관련 법률의 해석에서 구체적으로 드러난다. 모성 보호에 관한 조항은 모성을 출산 중심으로만 이해함으로써(「모자보건법」), 모성의 보호와 지원을 임신 가능한 여성에 대한 지원으로 국한하고 있다. 이는 돌봄을 여성의 몫으로 간주하는 잘못된 인식을 헌법적으로 정당화할 위험이 있다(김희강 2018; 박진경 2024). 같은 문제는 「사회보장기본법」에서도 발견된다. 이 법은 사회보험, 공적 부조 등 방대한 영역을 다루면서도 '돌봄'을 '사회 서비스'로 한정하고 있다(제3조 각호 4항). 그 결과 돌봄이 사회적 약자 지원 중심의 활동으로 제한되고 있다.

이처럼 현행 헌법은 돌봄에 관한 명시적 규정이 부재한 가운데 특정 개인이나 약자를 위한 사회보장이나 사회복지 정도로 돌봄을 한정하는 한계를 안고 있다.

한편, 돌봄과 관련된 중요한 가치가 현행 헌법 제2장 제10조에 제시되고 있는데, 현행 헌법의 돌봄관을 살펴보려면 이 조항 그리고 이에 대한 헌법재판소의 해석을 살펴봐야 한다. 헌법 제10조의 규정은 다음과 같다.

> 모든 국민은 인간으로서의 존엄과 가치를 가지며 행복을 추구할 권리를 가진다. 국가는 개인이 가지는 불가침의 기본적 인권을 확인하고 이를 보장할 의무를 진다.

이는 모든 국민이 인간으로서의 존엄과 가치를 지닌 주체임을 명시하고, 국가권력이 국민의 기본권을 침해하는 것을 금지함은 물론, 더 나아가 국민의 기본권을 적극 보호할 의무가 있음을 천명한 것이다(권영성 1981; 김희강 2018). 특히 헌법 제10조에 함께 규정되어 있는 '인간으로서의 존엄과 가치' 그리고 '행복추구권'은 우리 헌법의 최고 가치로 해석된다.

그런데 헌법재판소의 판례를 보면, 헌법상 인간 존엄의 기초가 되는 인간(상)은 이성적·윤리적 자율성을 지닌 존재로 전제된다. 그렇다면 그렇지 않은 인간, 예컨대 갓난아기나 정신적 장애인, 치매 환자 등이 인간으로서 가지는 존엄은 어떻게 되는 것일까? 사실상 모든 인간은 이성적·윤리적 자율성을 지니지 않은 상태로 태어난다. 갓난아기가 그러한 자율성을 지닌 인간이 되려면 관계성, 연대성, 상호성이 필수인 돌봄을 받아야 한다. 돌봄이 없다면 이성적·윤리적 존재로서의 인간, 즉 존엄하기에 존중되어야 하는 인간 자체가 존재할 수 없는 셈이다. 그런데 이는 인간의 성장기에만 해당되는 진리가 아니다. 인간의 평생에 걸쳐 이 진리가 적용된다. 그렇다면, 고립된 자율적 개인으로 환원될 수 없는 "우리 모두는 돌봄연고적care-encumbered 인간일 뿐"(김희강 2018, 19)이라는 자각이 존엄한 인간의 실재에 관한 생각의 기초가 되어야 한다.

행복추구권과 관련하여서도 동일한 해석의 문제가 있다. 현재 헌법학계는 행복추구권을 자유권으로 해석한다. 행복의 목표를 스스로 선택할 수 있는 자유, 그리고 이를 달성하기 위한 수단을 스스로 결정할 수 있는 자율이 행복추구권의 핵심적인 의미라고 보는 것이다. 이는 현행 헌법이 보장하는 행복추구권이 **행복할 권리**가 아니라 **행복을 추구할 권리**임을 보여주는 것이라고 할 수 있다(김명식 2017). 행복추구권을 일반적 행동의 자유권으로 해석하는 이러한 입장은 헌법재판소 활동 초기부터 이루어진 다수의 판결을 통해서도 확인할 수 있다.[13] 이처럼 헌법재판소가 해석하는 행복추구권은 국민이 그 어떤 장애도 없이 각자 행복을 추구할 자유권적 기본권으로서의 성격만을 가질 뿐, 국민이 행복을 추구하는 데 필요한 급부를 국가에 대하여 적극적으로 요구할 수 있는 사회권적 기본권으로서의 성격은 함의하지 않는다고 볼 수 있다(김희강 2018).

다른 한편, 이러한 헌법학계와 헌법재판소의 중론과는 달리, 행복추구권을 자유권으로서의 소극적 권리만이 아니라 적극적으로 국가에 권리를 청구할 수 있는 사회권을 포함하는 포괄적 기본권으로 보는 해석도 존재한다(권영성 2007; 홍성방 2010; 김희강 2016). 예를 들면, 국민의 행복 추구를 위해 최저생계 등 최소한의 물질적인 생활 유지에 필요한 것을 국가에 요구할 수 있는, 즉 최소한의 사회복지를 보장하는 근거로 행복추구권이 해석되기도 한다(유은정 2016; 김희강 2018).

그러나 인간의 행복 역시 오직 돌봄이 기초가 될 때만, 돌봄이 전제될 때만 가능하다. 따라서 행복추구권은 돌봄권과 함께 생각되어야 한다. 돌봄권은 돌봄을 받을 권리와 더불어 돌볼 권리까지 포함하는 적극적이고 상호적인 권리다. 돌봄 가치가 결여된 행복추구권 문구는 자유권으로 좁게 해석될 수 있을 뿐 아니라, 설혹 사회권적 성격을 가진 것으로 해석된다고 하더라도 국가에 대한 사회복지의 요구 정도로 해석될 가능성이 농후하다는 점에서 문제적이다.

요컨대 현행 헌법은 사회보장과 사회복지, 인간으로서의 존엄과 가치, 행복을 추구할 권리 등 돌봄과 관련이 있는 조항들을 명시했지만, 돌봄의 가치와 그 실현 방법을 명문화하지 않음으로써 이러한 조항들이 협소하게 해석되고 적용될 가능성을 낳는 문제를 안고 있다.

3. 왜 돌봄은 헌법의 기본 가치가 되어야 하는가?

2024년 12·3 내란은 현행 헌법이 가진 한계를 노출했고 현재 새로운 헌법에 기초한 헌정 체제의 수립이 요청되고 있다. 그리고 돌봄 가치는 새 헌법의 가장 기본적인 가치의 하나로서 인식되고 천명되어야 마땅하다. 왜 그러한가?

우선, 헌법이 중시하는 인간의 존엄이 오직 돌봄을 통해서만 가능하다는 사실을 무시한 채 인간의 존엄을 말할 수는 없기 때문이다. 사회를 평등하고 독립적인 개인들의 결사체로 상정하는 기존의 사회와 개인 개념은 인간 조건의 본질적 특성인 불가피한 의존성(취약성)과 비대등성을 은폐한다. 영아기, 유아기, 청소년기, 질병에 걸린 시기는 물론, 인생의 모든 시기에서 타자 의존은 누구든 피할 수 없는 필수적인 존재 형식이다. 즉 의존은 인간 존재의 불가피한 특성이므로 의존을 필요로 하는 이를 돌보는 행위야말로 가장 기본적인 **사회와 국가의 도덕적 의무**라고 할 수 있다(이재홍 2024). 인간의 존엄이 확보되려면 돌봄이 먼저 확보되어야만 한다는 점에서, 돌봄이야말로 헌법이 보장하는 바람직한 사회질서의 가장 기본적인 가치일 것이다.

그 연장선상에서 돌봄의 의무는 개인의 윤리에 그치는 게 아니라 사회의 윤리로서 인정되어야 한다(이재홍 2024). 이는 어린이를 돌보는 사람이 없다면 어떠한 사회도 한 세대 이상을 지속하지 못할 것이라는 당연한 사실에 의해서도 뒷받침된다. 이처럼 인간의 취약성과 돌봄 요구에 주목하는 것은, 인간의 자율성을 부정하는 것이라기보다는 인간의 자율성은 사회와 이를 구성하는 제도적 기반에 의해 비로소 가능함을 인정하는 것이다(Fineman 2010; 이재홍 2024).

그렇다면 돌봄은 헌법 제1조에 명시된 민주공화국을 이루기 위한 **결정적인 전제 가치**라고 할 수 있다. 국민주권주의, 민주주의, 법치주의 등은 모두 '온전한 인간'이라는 존재가 전제되어야만 비로소 의미 있는 개념과 가치들이고, 돌봄은 '온전한 인간' 존재의 필수적 전제조건이라는 점에서 그러하다. 즉 "돌봄이 없으면 인간은 무너지고 인간이 무너지면 국민주권주의, 민주주의, 법치주의도 모두 논의할 수 없고, 논의할 필요도 없게"된다(이재홍 2024). 다시 말해 돌봄은 인간의 존재와 공동체의 존재에 근본적이고 필수불가결한 요소이므로 민주공화국이 포괄하는 각종 헌정적 가치들을 의미 있게 하는 근본 가치라고 할 수 있다.

따라서 민주주의를 완성하기 위해서는 돌봄이 절대적으로 필요하다. 그럼에도 '자유'를 기치로 자본주의 시장제도를 발전시킨 자유민주주의뿐 아니라 '노동' 중심의 복지제도를 도입한 사회민주주의도 돌봄을 중심 가치로 삼지는 않았다.[14] 그러나 돌봄은 민주주의의 전제라고 할 수 있다. 트론토에 따르면, 인간은 누구나 돌봄을 필요로 하고 서로의 돌봄 필요를 충족시키기 위해 서로를 도와야 하는 상호의존성을 가지는데, 바로 그 이유로 인해 민주적 시민으로서 평등하다. 즉, 돌봄받을 필요가 시민 평등의 전제이고 민주주의가 요청되는 이유다(트론토 2024).

이러한 주장은 인간의 보편적 존엄을 전제로 평등을 민주사회의 핵심적 가치로 자리매김하는 고전적인 사고와는 분명한 차이가 있다. 존엄의 평등은 고립된 개인을 전제로 하는 논리이지만, 상호의존성의 평등은 그러한 전제로는 처음부터 성립될 수 없는 개념이기 때문이다. 즉, 돌봄 민주주의에서 전제로 하는 인간은 고립된 개인이 아니라 필연적으로 연결되어 있는 개인이다(이재홍 2024).

그렇기에 돌봄은 공동체적 가치의 실현을 위해서도 중요하다. 공동체주의는 헌법상의 자유주의와 공화주의의 이분법적 대립을 넘어서는 대안으로 주목되고 있다. 즉, 국가와 개인 사이에 존재하는 '사회적인 것'들의 영역, 즉 공동체의 영역을 부각할 필요가 있다는 것이다. 그리고 공동체적 가치의 보장은 연대, 공감, 돌봄과 같은 관계적 가치들을 어떻게 실현할 것인지에 달려 있다고 할 수 있다. 즉, 돌봄이 포함된 공동체적 가치를 실현함으로써 헌법 논의에서 강조되는 자유주의, 공화주의의 대립과 그 한계를 실질적으로 넘어설 수 있을 것이다(구은정 2020; 이재홍 2024).

무엇보다 돌봄이 새 헌정 체제와 헌법의 기본 가치가 되어야 하는 궁극적 이유는, 현 시기가 새로운 패러다임을 요구하는 대전환기이기 때문이다. 오늘날 우리는 환경, 에너지, 감염병, 디지털 전환, 일자리, 인구, 경제적 양극화, 국가불균형 발전 등의 문제와 위험들에 대처해야 하는 대전환기를 맞이하고 있다. 개인과 사회의 모든 분야, 모든 수준, 모든 시기에 "헌법적으로 돌봄의 요구를 보장해야 할 필요"가 대두되었다. 따라서 돌봄은 이제 헌법 차원의 권리와 과제로 인식되어야 한다. 이제 돌봄은 간호나 사회보장 영역의 일부 정도가 아닌, 국가에게 특별히 요구되는 책무와 **국민의 기본권**이라는 관점에서 접근되어야 한다(엄주희 2023).

4. 헌법상의 돌봄 가치 명문화와
그것이 열 새로운 사회

돌봄을 개인, 국가, 사회가 추구해야 할 최고의 가치 중 하나임을 분명히 하기 위해서는 헌법 전문에 사회와 국가의 돌봄 책임을 명시하는 것이 바람직하다. 헌법 전문은 헌법의 이념이나 가치를 드러내기에 헌법과 법률의 해석 기준이 되고, 입법형성권 행사의 한계와 정책 결정의 방향을 제시하며, 모든 국가기관과 국민이 존중하고 지켜가야 하는 최고의 규범 가치를 명시하기 때문이다.

돌봄을 개인과 국가 그리고 사회가 추구하고 수호해야 하는 가치로 명문화하는 것은 기존의 헌법체계가 자유주의를 그 패러다임으로 해왔음을 비판하고 그것에 제동을 거는 일이기도 하다. 또한 이는, 돌봄을 기본권 체계의 일부로 편입시키거나 사회보장의 목록을 확대하는 수준을 넘어서는 것, 즉 돌봄의 진가에 맞는 위상을 찾아 헌법에 명기하는 일이기도 하다(김희강 2018). 즉, "돌봄을 헌법에 명시하는 것은 돌봄 부정의의 악순환을 끊는 선순환의 명시적 출발이자 강제적 출발이고, 새로운 가치와 보다 정의로운 가치를 지향하는 새로운 공화국으로 거듭남을 의미"한다(김희강 2022).

돌봄의 가치를 헌법에 명문화하면, 헌법에 의해 규정되는 국민은 자율적으로 자기 결정을 하던 존재에서 타인의 돌봄을 필요로 하고 그것을 정당하게 요구하는 존재로서의 정체성과 자격을 얻게 된다. 달리 말해 돌봄에 관한 권리가 헌법의 기본권으로 명시되게 되는 경우, 그것은 개개인이 국가에게 돌봄 요구를 할 수 있는 규범적 근거로 작동하게 될 것이다(엄주희 2023).

또한 돌봄을 새 헌법에 기본 가치로서 명문화할 경우, 우리는 지금까지와는 사뭇 다른 결의 사회적 변화를 목격할 수 있을 것이다.[15]

우선, 국가공동체의 돌봄 가치 중시는 자유주의적 성장 본위 패러다임의 재고와 폐기라는 새로운 흐름의 물꼬를 틀 수 있다. 사실 돌봄 중시와 성장 중시는 상호 모순적이다. 이제껏 돌봄 가치가 억눌렸던 것은 성장 가치가 공동체의 최우선 가치로서 중시되었기 때문이다. 성장 중독적 자본주의의 전횡에 따른 양극화와 생태위기는 돌봄의 빈곤과 공백을 낳았고, 이것이 사회적 재생산 위기로 이어졌다. 이러한 상황을 뒤집어 돌봄이 충만한 사회로 전환하는 과업이 하나씩 실천되기 시작한다면 성장 맹신의 늪에서 빠져나올 길이 열릴 것이다. 이는 곧 저성장, 제로성장인 상황에서도 다른 식의 사회경제 운영으로 공동체의 번영이 얼마든지 가능하다는 새로운 믿음의 탄생으로 이어질 수 있다.

둘째, 돌봄의 헌법 명문화는 젠더 정의 실현에 기여할 것이다. 돌봄 불평등과 돌봄 부정의는 젠더 부정의의 다른 이름이기도 하다. 여성 노동자들은 '성평등 노동가치 실현, 돌봄 노동이 중시되는 사회'를 주장하며, 그러한 사회로 나아가기 위해서는 "더 많은 소유와 소비를 위한 '성장'의 자리에 '돌봄'을 놓고, 평등하고 공정한 분배 구조를 만들기 위한 대안을 상상하는 장"을 마련해야 한다고 강조해왔다. 이들은 그 구체적 과제로 첫째, 성평등이 실현되는 삶과 일의 공존으로 노동자의 돌봄권이 보장되는 일터, 둘째, 청년여성노동자의 독립된 삶을 보장함으로써 미래를 꿈꿀 수 있게 하는 일터, 셋째, 성별임금격차 해소를 통한 성평등한 일터, 넷째, 위험의 사전 예방과 근절을 통한 안전한 일터, 다섯째, 모두가 노동자로서의 권리를 누리는 사각지대 없는 일터를 제시했다. 또한 헌법에 모든 시민의 돌볼 권리와 돌봄받을 권리를 명시하고, 시민적 책임과 의무로서의 돌봄 개념을 포함할 것을 역설했다. 즉, '남성은 생계부양자, 여성은 돌봄 전담자'라는 이데올로기를 넘어 모든 시민이 '돌봄자-노동자-시민으로서의 권리와 책임'을 다하는 구조로의 전환을 촉구해왔다(여성노동자회·전국여성노동조합 2024). 국가의 돌봄 중시 선언은 이러한 요구의 현실 반영을 뜻한다.

      이렇게 돌봄권이 시민의 기본권으로 헌법에 명시된다면, 돌봄 기본법의 제정 논의도 급물살을 탈 것이다. 이와 관련해서 가족이나 시설에 떠넘겨진 돌봄을 넘어 가족 바깥에서도 돌봄이 가능한 구조로 전환하는 일이 과제로 제시된다. '가족' 개념을 기존의 혈연·입양·혼인이라는 한정된 방식에서 벗어나 삶을 함께하는 동반자의 개념으로 전환하는 한편, 그러한 새 가족에 법적 권리도 함께 부여해야 한다는 과제가 바로 그것이다(여성노동자회·전국여성노동조합 2024).

      종합하자면, 돌봄 가치를 헌법에 명문화함으로써 새로운 사회의 미래상을 열어나가고자 할 때, 무엇보다 중요한 것은 돌봄이 '모든 시민의 권리'로 인식되는 사회를 만들어가는 것이다. 돌봄이 그 가치를 온전히 인정받으며 돌봄을 제공하는 사람이든 돌봄을 받는 사람이든 모두가 행복한 사회로 나아가기 위해서는, 시민의 기본권으로서의 돌봄권을 헌법에 명시함으로써 여성에게만 부담되거나 그 실천 단위가 가족이나 서비스 시설에 국한되지 않는 돌봄이 가능하도록 만들어나가야 한다.

5. 돌봄 사회로의 이행을 위한 법과 정책

돌봄의 중요성이 인정되는 사회, 즉 돌봄 사회로 이행하기 위해서는 돌봄을 헌법의 중심적 가치로 삼는 것만으로는 부족하다. 헌법개정은 물론이고 그것과 연동되는 여러 법과 제도의 마련이 필요하다.

우선, 돌봄 기본법 제정이 필요하다. 예를 들어, 영국 정부는 돌봄의 수요를 정부 차원에서 감당하기 위해 2014년에 **돌봄 기본법**(Care Act 2014)을 제정하고 정부 부처에 고독부Ministry of Loneliness를 신설하여 국민 돌봄을 보장하고자 했다. 이런 행정 법제의 핵심 이니셔티브는 지역사회안전망을 구축하여 주민들의 신체적·정신적 고립을 막고 돌봄 사각지대를 해소하는 것이다(엄주희 2023).

국내에서도 돌봄 기본법 제정을 위한 논의가 나타나고 있다. 그 내용에는 돌봄권의 명문화, 돌봄에 대한 국가와 지자체, 사회의 책임 명시, 일·생활 균형권의 보장 등이 포함된다(정춘생 2024). 돌봄 기본법이 제정된다면, 돌봄 가치가 국가의 여러 정책의 내용을 좌우하는 기본 정책 기조로 확립되어 국정의 전면에 돌봄 사회 구축이라는 과제가 등장하는 일도 가능해질 것이다.

돌봄 기본법의 제정과 정책 도입에서 바탕이

되어야 하는 것은 남성을 포함하여 모든 이가 돌봄에 참여함으로써 돌봄을 여성의 일로 간주하는 전통적 역할 규정을 넘어서는 것이다. 돌봄의 의의와 중요성이 오랫동안 주목받지 못한 중요한 이유 중 하나는 돌봄이 집안에서 엄마, 아내, 며느리, 딸 등의 이름으로 불리는 여성들에 의해 수행되는 무급 활동으로 간주되어 왔기 때문이었다. 여성들이 담당하는 '사랑의 노동'(번팅 2022)이라는 바로 그 이유로 인해 돌봄은 집 밖으로 나가 임금을 받는 유급 노동이 되더라도 그에 합당한 인정과 보상을 받기 어려웠다.

이런 맥락에서 남성과 돌봄의 관계에 대한 새로운 접근이 무엇보다 시급하다. 시민 누구나가 돌봄의 책임을 함께 나누는 '노동자-돌봄자-시민 모델'(여성노동자회·전국여성노동조합 2024)의 현실화를 위해서는 돌봄이 여성만의 일이 아니라 남성을 포함하는 시민 누구나의 일이라는 인식의 확산이 필요하다. '사나이는 돌보지 않는다'는 전통적 남성상(트론토 2024)을 반성적으로 돌아보며, **돌보는 남성성**caring masculinity으로의 전환(Elliott 2016)을 위한 노력이 시작되어야 한다(안숙영 2017). 남성 돌봄 직종 종사자 수가 늘어야 하는 것은 물론이고, 남성이 자녀 돌봄의 주체로서 아버지로서의 기본적인 의무를 다하도록 그 권리를 보장하는 일이 적극적으로 고려되어야 한다(박은정 2024). 유럽연합 아동 돌봄 네트워크(European Commission Network on Childcare)의 사례에서 볼 수 있듯이, 남성의 돌봄 참여가 보편화되면 성평등 구조로의 선순환 정착이 가능해지며 돌봄이 비단 여성만의 일이 아님을 자연스럽게 배우게 될 것이다. 또한 남성 돌봄 노동자 수를 늘리기 위해서는 돌봄의 가치와 중요성에 걸맞는 정당한 임금보상체계를 확립하여 임금 불평등 구조를 개선할 필요가 있다. 일례로 덴마크의 경우, 1995년 연간소득 통계 기준으로 평균 전일제 노동자의 임금이 25,069유로였는데 유아교육·보육(ECEC) 부문의 전일제 연간 소득은 38,650유로로서 평균 노동자 임금의 수치를 훨씬 상회하는 높은 임금이었다(Cameron·Moss 2007; 송다영 2023).[16]

또한 육아 등 양육을 전통적 가족의 책임으로만 이해하는 현재의 일반적 인식을 비판적으로 돌아보며 대안을 마련할 필요가 있다. 예를 들어, 협소한 가족 개념을 넓히고, 육아휴직 등을 가족만이 아닌 **모든 양육자의 권리**로 확장하는 것이다. 그러려면 우선 '아이는 부모가 양육해야 한다'는 기존의 고정관념부터 떨쳐버려야 한다. 사실상 현실에서는 조부모나 이모, 삼촌, 비혈연 양육자 등 다양한 관계의 양육자가 아이를 키우고 있다. 따라서 이러한 가족들이 안정적인 관계를 유지하고 가족으로서 상호 권리와 의무를 존중받을 수 있도록 법·제도·사회적 수용 기반을 마련하는 것이 필요하다(여성노동자회·전국여성노동조합 2024; 박진경 2024). 프랑스는 시민연대계약 제도(PACS)를 통해 법률혼 커플과 거의 유사한 수준으로 PACS 커플의 권리를 확대함으로써 출생율도 높였다(박진경 2024).

돌봄이 여성만의 일이 아닌, 사회와 시민의 일이 되는 비전을 이루기 위해서는 노동시간 단축도 빼놓을 수 없다. **노동시간 단축**은 일할 권리와 일하지 않을 권리의 문제이며, 여성에게 무급으로 요구되어온 돌봄 노동의 시간을 성별에 구별되지 않는 모든 시민과 평등하게 분배하는 문제다(여성노동자회·전국여성노동조합 2024). 오늘날 끊임없는 경제성장을 향한 강박 속에서 유급 노동의 중요성은 여전히 크게 여겨지고 이에 따라 돌봄을 위한 시간은 충분히 확보되기 어렵다. 특히 전 세계적으로 거의 예외 없이 남성의 유급 노동시간이 여성에 비해 훨씬 더 길다는 점을 고려할 때, 남성으로 하여금 무급 돌봄 노동에 참여하게 하기 위해서는 유급 노동시간 단축이 무엇보다 필수적이다(안숙영 2023). 이런 맥락에서 법정 노동시간 주 35시간을 5인 미만 전 사업장에 적용하는 것을 적극적으로 관철해나갈 필요가 있다.

화폐를 매개 삼지 않는 돌봄의 가능성을 키우는 일도 중요하다. 이에 **돌봄의 유급 노동화 문제**는 원점에서 재고될 필요가 있다. 이윤 극대화에 초점이 맞춰진 지금의 경제 관념으로는 **관계재로서의 돌봄**이 가지는 가치를 온당히 평가하기 어렵다. 따라서 돌봄의 '유급 노동화'가 과연 돌봄의 가치를 제대로 인정하는 적절한 방식인지 그 자체에 대한 심도 있는 논의가 이루어져야 한다. 점점 더 많은 '돌봄'이 노동시장에서 사고 팔리는 상품으로서의 '돌봄 노동'이 되어 '경제'라고 하는 개념 안에 포함될 때, 우리가 얻는 것보다 잃는 것이 더 많지는 않을지 생각해볼 일이다. 유급 노동으로 환원될 경우, 돌봄 활동은 비용 절감을 통한 생산성 향상이라는 시장의 족쇄로부터 자유롭기 어렵다. 돌봄 노동자의 불안정한 처우는 이러한 제도적 한계의 표현이다. 따라서 돌봄 중심 사회로 전환하기 위해서는 화폐를 매개로 하지 않은 돌봄의 가치에 대한 사회적 인정이 필요하다. 예를 들어 돌봄 커먼즈commons의 방식 등 다양한 상상이 요청된다(백영경 2022; 안숙영 2023).

돌봄 커먼즈는 국가 또는 시장이 아닌 공동체가 공적 자원을 관리하여 공동체 구성원들의 돌봄 필요에 응답하는 것으로 이를 통해 공동체적 관계를 확산시킬 수 있다(김자경 2024). 이러한 돌봄 커먼즈는 임금노동에 의존하지 않은 다른 양식의 삶을 시도할 가능성의 토대를 제공함으로써 그러한 삶을 살 수 있는 용기를 키우는 주체 역할을 하게 된다(권범철 2024). 즉, 돌봄에 대한 인식의 전환은 고용, 복지 등 근대적 돌봄의 형식을 넘어 상호의존적 삶을 재구성하는 커머너commoner로서 삶의 주도권을 되찾는 것을 의미한다(한경애 2023).

      이와 더불어 지역사회의 역할도 매우 중요하며, 지역을 돌봄의 공간으로 변화시키기 위한 다양한 방안이 필요하다. 2026년 3월 27일 「의료·요양 등 지역 돌봄의 통합지원에 관한 법률」(약칭 돌봄통합지원법)의 시행을 앞두고, 현재 정부는 시행령과 시행규칙을 비롯한 하위 법령을 준비 중이며 지자체를 비롯한 여러 기관도 이를 위한 준비에 한창이다. 지역사회 통합돌봄 정책은 돌봄이 필요한 사람이 자기가 살던 곳에서 각자에게 필요한 지원을 받으며 살아갈 수 있는 기반의 조성을 목적으로 한다. 주거, 보건의료, 요양, 돌봄, 일상생활 등이 지역에서 통합적으로 지원되게 하겠다는 이 정책은 2018년 기본계획 발표 이후 선도 사업을 거쳤고, 2026년 시행을 앞두고 있다. 그러나 윤석열 정부 출범 후 '지역사회 통합돌봄 선도 사업'이 '노인 의료돌봄 통합지원 시범사업'으로 명칭을 바꾸면서 사업의 위상이 낮아졌고 예산도 크게 줄면서 그 실효성에 대한 의문이 커지기도 했다. 따라서 안정적인 재정 확보, 통합적인 정책 연계와 더불어 중앙정부와 지자체가 보다 적극적으로 지역사회 통합돌봄을 구현하도록 법적 기반을 마련해가야 한다(여성노동자회·전국여성노동조합 2024). 아울러 관련 인력, 재정, 인프라 등을 대폭 확충하고, 지자체가 통합돌봄의 실질적 역할을 할 수 있도록 필요한 권한과 책임을 지자체에 부여할 것을 강력히 촉구하는 목소리들이 나오고 있다. 즉 통합돌봄의 핵심은 지자체의 책임성 강화에 달려 있다는 것이다(한국노동조합총연맹 외 2025).

국가의 돌봄 제도라고 할 수 있는 참여소득과 일자리보장제도 돌봄 가치가 중심이 되는 공동체적 사회로의 이행에 도움을 줄 수 있다. **참여소득**은 사회적 가치가 있는 활동에 주는 소득으로서, 공동체 유지에 중요하지만 사회적으로 인정받지 못하는 활동들, 예를 들면 기후위기 대응, 마을 활동, 돌봄 등의 가치를 인정하자는 취지에서 비롯된 것이다(조기현 2023). 그 사례로 광주시의 농민·시민 참여·가사 등 3대 공익 가치 수당 지급을 들 수 있다. 이 가운데 농민 수당은 2023년 지급이 시작되었고 시민 참여 수당은 준비 작업이 진행 중이다. 가사 수당은 보건복지부의 협의를 거쳐야 하고 전례가 없다는 이유로 현재 그 실현 가능성은 미지수인 상태다(손상원 2024). 이는 여전히 돌봄이 사회적 가치를 온전히 인정받지 못하고 있는 현실을 보여준다고 하겠다. 참여소득은 기본소득 논의를 이어 적극적인 공론화를 통해 그 범위를 확대해가야 할 것이다. 그 과정을 통해 돌봄소득에 대한 인식도 달라지게 될 것이다.

      돌봄과 관련된 **일자리보장제**는 국가가 실직자에게 환경, 지역공동체, 사람을 돌보는 일자리를 제공하는 것을 말한다. 이러한 방법으로 국가는 안정적인 완전고용을 실현하며 이로써 일자리보장제는 무엇보다 실직자를 돌보는 제도가 될 수 있다(장석준 2022). 이 제도는 실제로 오스트리아 마리엔탈Marienthal 시에서 실시된 바 있다. 참여자들은 2개월간의 직업훈련을 거쳐 보육, 카페 설립, 정원 가꾸기, 주택 개조 분야에 투입되었다. 이때 들어간 비용은 국가가 실업자 복지에 쓴 것보다 적었다. 게다가 이러한 일들은 지역사회에 새로운 수익을 창출하기까지 했다. 이러한 사례는 기본소득보다 기본노동이 더 중요할 수도 있다는 것을 보여준다(야호다 외 2021; 조기현 2023). 그러나 궁극적으로는 기본노동은 기본활동으로 확대되어야 하며 이로써 일자리보장제에 참여소득의 장점이 결합될 수 있다.

가해자 처벌이라는 방식이기는 하지만 그 궁극적인 제정 목적은 노동자의 생명 돌봄이라고 할 수 있는 **중대재해처벌법** 역시, 돌봄 사회 구축이라는 사회적 과제와 연결되어 새롭게 사고되어야 한다. 기업의 이윤보다 한 인간의 생명이 훨씬 더 소중한 것이라는 기본적인 당위 가치가 중대재해처벌법 적용의 실효화를 통해 확인되어야 마땅하다. 사실, 이 법의 실질적 적용이라는 사안은 성장 본위 사회가 짓누른 노동자 생명을 어떻게 돌볼 것인가라는 사안에 다름 아니며, 성장 본위 사회에서 벗어나 인간 생명 돌봄이 기본 가치가 되는 사회로 이동하는 첫걸음이기도 하다.

요약하자면 돌봄 기본법, 남성을 포함한 시민 모두가 돌봄의 책임을 나누는 '노동자-돌봄자-시민 모델', 양육자 범위 확대를 위한 다양한 가족 구성권 인정, 돌봄 시간 확보를 위한 유급 노동시간의 단축, 화폐를 매개로 하지 않는 돌봄의 가치 인정, 돌봄 커먼즈 등 공동체적 삶의 방식, 통합적 돌봄을 제공하는 지역사회, 국가 돌봄 제도로서의 참여소득과 일자리보장제, 중대재해처벌법 적용 실질화 등이 돌봄 사회로의 이행을 위해 필요한 제도이며 정책들이다.

돌봄은 신자유주의적 성장 본위 국가의 지속

으로 인한 불평등, 경쟁, 차별, 혐오의 심화와 더불어 좌절과 우울이 만연한 우리 사회에서 다른 어떤 가치보다 시급히 요청되는 가치라고 여겨진다. 기후위기, 감염병 위기로 상징되는 생태적인 위기는 인간의 취약성과 지구 의존성을 강하게 드러내며 돌봄 국가와 돌봄 지역사회의 구축을 요청하고 있다. 12·3 내란 이후 개헌 논의가 잠시 있었으나 대선과 새 정부 출범 국면과 더불어 주춤해졌다. 그러던 중 최근 국정기획위원회가 개헌을 1호 국정과제로 삼으면서 다시 논의가 활발해질 전망이다. 그러나 현재까지 개헌 논의의 초점은 권력구조 개편에 집중되었을 뿐, 돌봄 사회로의 전환과 같은 국가공동체의 근본적인 변화를 위한 개헌 구상은 부재했다. 최근까지 계속 터져 나오고 있는 사회 문제들, 예컨대 살인, 폭력, 자살, 폭동, 혐오 등은 현재 한국사회가 깊이 병들어 있으며 이를 근본적으로 치유할 돌봄의 철학과 제도가 절실하게 필요하다는 것을 보여준다. 따라서 그 어느 때보다 돌봄을 국가공동체의 기본 가치로 명시하는 헌법개정, 그리고 이를 바탕으로 한 돌봄 사회로의 과감한 전진이 필요한 시기라고 할 수 있다.

III

녹색

3장

녹색

김영준, 김은희, 우석영, 정규호

1. 한국과 녹색, 그 불협화음의 기원

21세기 들어 한국은 그 경제 규모에 비해 터무니없이 소극적인 기후위기 대응 태도를 보여왔다. 아니, 한국의 불량하고 미진한 태도를 지시하는 보다 정확한 용어는 '기후악당'일 것이다. 이를 보여주는 데이터는 넘쳐난다. 기후행동네트워크는 유엔기후변화총회에서 기후위기 대응에 악영향을 주는 데 최선을 다한 '기후악당' 국가를 선정하는데, 한국은 2023년과 2024년 연속 기후악당 국가로 선정되었다. 2025년 기후변화행동지수The Climate Change Performance Index(CCPI)에 따르면, 한국은 분석대상 국가 67개국 가운데 63위를 차지하며 최하위권의 기후행동 점수를 받았다.[17] 글로벌 탄소발자국 네트워크(GFN)가 발표한 2025년 국가별 생태용량 초과의 날Country Overshoot Days에서도 한국은 분석대상 국가 171개국 가운데 21번째로 초과 속도가 빠른 것으로 나타났다.[18]

그런데 이러한 기후악당의 모습이 한국의 일탈적인 면모가 아니라는 데 문제의 심각성이 있다. 한국의 기후악당스러운 모습은 자연 또는 지구에 대한 한국의 일관된 행동의 한 변용으로 간주되어야 한다. 그렇기에 만일 기후악당 한국을 문제 삼으려면, 그것의 배면에 있는 **생태**

악당 국가 한국을, 나아가 그런 모습이 형성된 역사적 연원과 경로를 거론해야 마땅하다.

관련하여 들여다봐야 할 한국의 역사적 시간은 21세기의 24년도 87년 체제 성립 후 약 40년도 아닐 것이다. 최소한 1945년부터 지금까지 어떤 역사적 변화가 있었는지 살펴볼 필요가 있다. 아니, 현 상황에 대한 정확한 진단을 위해서는 1919년(임시정부 수립)을 넘어 1876년(개항)까지 거슬러 올라가야 할 것이다. 서구 열강의 제국주의 압박 속에서 인간/자연 이원론에 기반을 두고 자연 착취를 당연시하는 근대(성)라는 물건을 여과 없이 수용하고 화석연료 기반 경제성장을 부동의 번영 가치로 여겨온 사정이, 오늘날 한국이 생태악당, 기후악당의 얼굴을 갖추게 된 사태의 근간에 있기 때문이다.

하지만 1876년부터 2025년 현재까지 한국사회가 근대(성) 수용과 경제성장을 위한 자연파괴라는 외길을 일관되게 내달렸다고 보기는 어렵다. 현실 역사의 실제 과정은 수용과 저항, 변신과 합리화, 타협과 갈등 등으로 점철되었다. 그 역사의 여정은 마음의 모순과 갈등이 사라진 적이 없는 구불구불한 길이었다. 그리고 오늘 우리는 여전히 그 구불구불한 길 위에 있다.

1919년과 1945년은 이 길에 굵직한 단절선이

생긴 시점이다. 그러나 어떤 집단적 욕망의 물길은 1919년과 1945년이라는 역사의 기념비적 벽을 자유롭게 흘렀다. 민족사회로서 생존하고 국권을 회복하며 국력을 신장하기 위해서는 눈앞의 강자와 동일한 유형이 되어야 한다는 집단적 정념(열망, 욕망)은 1919년과 1945년이라는 문턱을 쉽게 넘어 흘렀다.

   바로 이런 정황이 우리가 1960년대부터 시작되는 국가 주도 개발주의와 자연파괴라는 폐단의 원인으로 박정희 군사정부만을 콕 집어 지목할 수 없는 이유다. 한국은 1960년대 이후 급속한 도시화, 산업화를 통해 이른바 압축적 경제성장을 이뤄냈다. 이 과정에서 도시, 도로, 산업단지 조성 등의 적극적 국토 개발은 경제성장을 뒷받침하는 핵심 수단이었고, 자연스럽게 이 나라는 개발국가, 토건국가의 성격을 띠게 되었다. 이러한 경제개발 방식은 한편으로 사회경제적, 공간적(지역적) 불평등을 양산했는가 하면 생태적 지속가능성을 위협하는 결과를 낳았다. 그러나 문제로 지목되어야 하는 것은 이러한 흐름을 정초했던 박정희 군사정부만은 아니다. '**박정희 패러다임**'이라고 부를 만한 것이 가능했던 기반이 있었고, 지금도 그 패러다임이 지속되는 이유가 있다.

   그 기반은 아마도 20세기 전반기 한국사회를

지배했던, 강자 동일화로서의 민족 자강이라는 집단적 정념 그리고 문명 붕괴 경험이라 할 전쟁 경험일 것이다. 한국전쟁은 20세기 전반기 한국에서 타올랐던 이 정념의 불길을 크게 키운 사건이었고, 그 불길은 결국 박정희 정부의 국가 주도 경제개발에 의해 부분적으로 해소되는 동시에 증폭·확산되었다. 군사정부에 의한 무도한 개발이라는 형식으로써 생존과 번영을 향한 집단 욕망이 해소되었다는 사실은 한국의 역사적 비극이다. 그러나 그 욕망은 그것이 근대화의 욕망인 한 설혹 박정희 군사정부에 의해서가 아니었다 해도 어떤 경로로든 해소되었을 것이고, 그 해소 과정에는 심각한 수준의 자연파괴가 동반되었을 것이다.

물론 이러한 발언은 박정희 정부에게 면죄부를 주기 위함이 아니다. 오히려 역사의 두 측면을 동시에 살펴봐야 한다는 말이다. 한편으로 박정희 군사정부가 민족적 염원으로서의 근대화를 한국의 시공에 폭력적인 방식으로 실재화함으로써 파괴적 패러다임을 구축했다는 점을 직시하고 논해야 한다. 그러나 동시에 그런 사태가 일어난 물리적 역사의 배면에서 강자동일화(근대화)를 경유한 강국 만들기라는 집단 정념이 19세기 말부터 사회의 잠류로서 흘러온 역사, 즉 심층에 있는 정신의 역사를 알

아봐야 한다. 바로 그 단단한 정신의 기반이 있었기에 박정희 군사정부는 어렵지 않게 국민동원체제를 구축해 경제개발을 추진할 수 있었다. 더욱이 그 기반은 박정희 군사정부가 사라진 지 45년이 지난 지금까지도 한국사회의 정신적 기반으로서 면면히 존속하고 있고, 오늘날 생태악당 국가 한국의 뿌리는 바로 여기에 있다.

2. 한국 구헌법의 이념 지향과
   녹색 가치 부재 문제

박정희 군사정부가 구축한 경제개발 패러다임의 배면에 있었고 그것의 탄생을 가능하게 했던 (20세기 전반기) 민족사회의 정념이 무엇이었던지를, 우리는 1919년과 1945년 무렵에 나온 중요한 선언문과 헌장, 헌법에서 어렵지 않게 가늠할 수 있다.

1919년 조선민족 대표 33인이 작성한 〈기미독립선언서〉에서는 민족의 생존(권)과 발전, 민족의 독립, 자주민, 문화민족, 민족심리, 자유의 권리, 완전한 생명의 즐거움 등의 개념이 강조된다. 글의 주요 논지는, 조선의 독립이 그저 조선에만 이로운 것이 아니라 일본과 중국,

동양과 세계에도 이롭다는 것이다. 글을 읽는 내내 우리는 민족사회의 생존과 독자적 번영이 당시 우리 선조들에게 얼마나 절박한 과제였는지를 느낄 수 있다.

물론 이 선언서의 내용은 정당한 것이고 당시에 절요한 것이었다. 그러나 민족의 독립과 자주, 문화민족의 새로운 번영 이상의 공동체 번영 가치는 이 선언서에서 찾아보기 어렵다. (반면 1919년 조소앙 등이 쓴 〈무오(대한)독립선언서〉에는 〈기미독립선언서〉와는 사뭇 다르게 더 웅혼한 공동체 번영 비전이 제시되어 있다.) 나아가 이 선언서에서는 일제에 의한 피압제, 피억압의 대상이 한민족이라는 인간 집단으로만 이해되고 있을 뿐, 한반도 거주민의 동족이자 동체로서의 한반도 국토와 비인간 생명이 수탈되고 침탈된 역사적 사실은 전혀 고려되고 있지 않음 역시 확인할 수 있다. 이는 〈기미독립선언서〉를 지배하는 정신이 민족중심적일 뿐만 아니라 인간중심적인 것임을 시사한다.

같은 이야기를 1941년에 발표된 〈대한민국 건국강령〉에도 적용할 수 있다. 이 문서에서 공동체 번영 가치가 일목요연하게 확인되는 부분은 총칙이다. 총칙 제1항은 "공통한 말과 글과 국토와 주권과 경제와 문화" 그리고 "공통한 민족정기"를 보유한 민족임을 천명하는 단일 문장인데, "우리나라", "우리 민족", "우리끼리"라는 말이 인상적이다. 총칙 제1항이 '우리나라'와 '우리 민족'을 강조한 것은 당시 '우리'와 '나라·민족'의 연결고리가 파열되고 있었던 역사 상황을 생각해 보면 무척 자연스럽게 여겨진다. 반일투쟁과 독립운동의 정신적 동력을 마련하는 데 이 둘의 연결보다 힘이 되는 것도 없었을 것이다.[19]

총칙 제2항에서 발견하게 되는 것이 바로 이 '우리 민족'의 번영 가치다. 제2항은 '우리나라의 건국정신'으로 삼균제도三均制度를 거론하며 삼균제도를 통한 국가진흥과 태평太平 보유야말로 민족의 최고 공리라고 천명한다. 그리고 한국 민족은 홍익인간, 이화세계理化世界를 지향해온 민족임을 강조하고 있다. 여기서 삼균이란 지력, 권력, 부력의 균평으로서, 오늘의 언어로는 교육, 정치, 경제상의 평등을 뜻한다. 그러나 평등 이전에 공동체의 삶의 존속과 안녕은 어떻게 가능한 것일까? '국가진흥'과 '태평보유'는 무엇으로 가능한 것일까? 오직 안정적으로 존속되는 자연의 기반 위에서만 그것이 가능함에도 총칙 제2항의 작성자는 이것을 간과하고 있다. 다만, 제2항은 '이화세계'라는 개념을 제시함으로써 민족공동체의 번영 가치가 인간중심적 가치로 수렴될 가능성을 차단하고 있다. 이화세계는 우주, 자연과도 조화로운 세계를 함의하기 때문이다. 하지만 그 이화세계가 태평의 절대적 기초로서 강조되는 것은 아니다. 지나친 홍익인간이 이화세계를 훼손할 가능성은 아예 생각조차 되지 않고 있다.

  1948년 제헌헌법의 전문을 읽는 우리의 느낌은 이것과 그다지 다르지 않다. 이 문서에서는 민주독립국가, 민주주의제, 민족의 단결, 각인의 기회 균등 같은 가치가 기본 가치로서 강조되는데 〈대한민국 건국강령〉의 정신을 이어받고 있음을 알 수 있다. 각인의 능력을 최고도로 발휘하게 하고, 책임과 의무를 완수하게 한다는 대목, 항구적인 국제평화 유지를 위해 노력하며 자손의 안전과 자유와 행복을 확보한다는 대목은 퍽 인상적이다. 그러나 각인이 제 능력을 최고도로 발휘하여 완수할 책임과 의무가 국가와 민족, 인류사회를 넘어선 단위에서도 의미 있는 것인지는 의문이다. 국제평화 역시 그것이 행성적 차원의 생태적 평화는 아닐 것이며, 자손의 안전과 자유와 행복을 위해서는 생명 부양적 지구 시스템의 안정적 유지가 근본 조건이라는 생각 역시 명기되어 있지 못하다. 이는 곧 당시 이 문서의 작성자들의 사고 수준이 국민국가 단위나 국제 정치질서의 단위에 갇혀 있음으로 인해 그것을 넘어서는 수준의 자연 질서가 각인과 자손의 행복과 자유에 얼마나 중요한지는 사고의 대상조차 아니었음을 시사한다.

3. 현행 헌법, 녹색의 시선에서 왜 문제인가?

제헌헌법에 보이는 녹색 가치 부재의 맨털리티는 현행 헌법인 87년 헌법까지 고스란히 계승된다. 87년 헌법 전문의 내용은 사실 제헌헌법 전문의 그것과 크게 다르지 않다. 4·19 민주 이념을 계승하고, 평화적 통일의 사명에 입각한다는 점이 추가되었고, 국제평화라는 단어가 세계평화와 인류공영이라는 단어로 대체되었을 뿐이다. 그 어디에서도 민족공동체와 인류사회 번영의 기초인 자연, 지구에 관한 언급은 찾아볼 수 없다. 당시 헌법 작성자들이 인간의 번영을 위한 선요 조건인 비인간 생명과 자연의 존속 그리고 그 중요성에 관해서 아예 관심이 없었음을 보여준다.

- **환경권**

사정이 그러했음은, 제35조에 가서야 지구, 자연과 유관한 개념이 처음으로 헌법에 등장한다는 사실이 단적으로 보여준다. 그 개념은 다름 아닌 '환경'이다.

그러나 그 '환경'조차 주되게는 국민의 기본적

권리로서 접근되고 있다는 점에서 문제는 한층 더 심각하다. 현행 헌법 제35조 제1항은 "모든 국민은 건강하고 쾌적한 환경에서 생활할 권리를" 가진다고 규정하고 있다. 이 언명의 바탕에는 자연을 권리 주체인 인간의 이용 대상으로 규정하는 시각이 깊이 깔려 있다. 이 시각에 의하면, 인간은 권리 주체이고 비인간 자연은 권리 객체인데 이를 법적으로 연결하는 것은 소유권 등의 물권이다. (소유권은 인간이 비인간을 배타적으로 사용, 수익, 처분할 수 있다고 규정하고 있다.) 이처럼 자연환경을 권리라는 개념으로 환원해 규정해버리면, 환경론은 인간과 자연 간의 소유 관계를 말하는 것으로 축소되고 만다. 즉, '인간은 환경에 대한 권리가 있다'는 언명은 소유 관계 혹은 소유 관계의 확장으로서의 환경권을 의미할 뿐이다.

물론 제35조 제1항은 "국가와 국민은 환경보전을 위하여 노력하여야 한다"는 규정도 두고 있다. 하지만 환경보전 의무에 관해서는 법률로 정한다는 규정 등을 통하여 그 의무가 법적 규범력을 가지도록 보장하고 있지는 않고 있다. 반면, 제2항에서는 "환경권의 내용과 행사에 관하여는 법률로 정한다"고 분명히 적어두고 있다. 제3항도 "국가는 주택개발정책 등을 통하여 모든 국민이 쾌적한 주거생활을 할 수 있도록 노력하여야 한다"고 하여 자연환경natural environment에 대한 의무보다는 건조환경built environment에 대한 권리를 강조하고 있다. 요컨대, 한국의 현 헌법과 이를 바탕으로 하는 한국 법체계에서 자연환경은 국민(인간)이 누려 마땅한 권리의 대상으로 취급되고 있는 반면, 자연환경을 보전할 국민(인간)의 의무는 상대적으로 가볍게 언급되고 있다.

• **국토와 자원**

국토와 자원을 다룬 헌법 제120조와 제122조에서도 우리는 자연을 대하는 비슷한 태도와 시각을 확인하게 된다. 헌법 제120조는 중요한 자연자원, 자연력 이용에 대한 관리·통제 권한을 국가가 가지고 있음을 밝힘으로써 국토와 자원의 공공성을 암시하고 있다. 하지만 현행 헌법에서 국토와 자원의 공공성은 추상적이고 간접적으로 명시되어 있을 뿐이다.

또한 제120조 제2항은 국토와 자원이 국가의 보호를 받는다고 규정하고 있지만, 그러한 규정을 곧바로 국토와 자원의 개발과 이용에 관한 문구로 연결시키고 있는 것으로 보아 한국(인) 공동체의 번영을 위해서는 자연(국토와 자원)의 보호가 필수라는 생각이 반영되어 있다고 보기는 어렵다. 그보다는 국토와 자원의 보호 목적은 어디까지나 그것의 개발과 이용이라는 생각이 실려 있다고 해석해야 옳을 것이다.

동일한 생각은 제122조의 문구인 "국토의 효율적이고 균형 있는 이용·개발과 보전"에서 확인되는데, 여기서도 왜 국토가 보전되어야 하는지에 관한 생각은 확인하기 어렵다. 개발과 보전의 근본적 충돌과 모순에 관해서도 깊이 생각한 흔적을 발견하기 어렵다. 국토 이용 관련 행위에 대해 법률로 "필요한 제한과 의무"를 부과하도록 하고 있기는 하나, 그 방식과 내용 역시 명확하지 않다. 그러다 보니 토건국가 정체성이 강한 한국의 현실에서 국토는 언제나 경제성장 촉진, 경기 활성화, 균형개발 등을 명분으로 한 개발 정책의 대상자 지위에 머물렀고, 지금도 사정은 비슷하다. 공간적 불균형 발전과 생태계 파괴의 지속은 이러한 정신적 전통의 필연적 귀결점이었다.

• **농업과 농민**

기후위기라는 생태적 요인과 세계 식량 수급 체계를 둘러싼 정치경제적 요인들이 결합되어 농업과 식량의 위기를 부추기고 있다. 이러한 위기를 헤쳐갈 정신적 기초로 작용하기에는 약 40년 전에 마련된 현행 헌법의 농업 관련 조항은 너무도 고루하고 빈곤하기만 하다.

우선, 현행 헌법은 농업과 농민에 관한 내용을 제120조 제2항과 제123조 제1항에서 경제의 하위에 두는 한계가 있다. 시민의 식량주권 또는 먹거리 기본권과 농민의 권리를 기본권에 포함해 명시하지 않고 있다는 문제도 빼놓을 수 없다.

한편, 농지에 관한 조항인 제121조 제2항에서 우리는 농지의 공공성(공공적이고 생태적인 가치), 농지의 공공적 보호 의무에 관한 언명은 찾아볼 수 없다. 그 대신 제2항은 농지의 임대차와 위탁경영을 언급하고 있다. "농업 생산성의 제고와 농지의 합리적인 이용을 위하거나 불가피한 사정으로 발생하는 농지의 임대차와 위탁경영은 법률이 정하는 바에 의하여 인정된다"는 규정이 그것이다. 문제는 1996년 농지개혁법 폐지와 함께 농지법이 제정된 후 계속된 개정 과정에서 제2항의 예외 조항이 오히려 농지 사용 원칙을 흔들었다는 것이다. 그 결과 농지가 끊임없는 개발 압력에 노출되고 편법과 불법, 투기의 대상이 되는 상황이 벌어지고 있다.

제123조 제1항에서는 농어업의 보호·육성 방안으로 농어촌에 대한 개발 및 지원 계획 수립을 명시하고 있고, 제4항에서는 농수산물 가격 안정을 통한 농어민의 이익 보호 차원에서 유통구조의 개선을 강조하고 있기는

하다. 하지만 현재의 헌법 조항으로는 균형 발전과 가격 안정을 명분 삼아 농어촌을 개발 대상으로 삼고 수입 농산물로 물가조절 정책을 추진해온 관행을 바꿔내기는 어렵다.

4. 녹색 헌법의 필요성과 원리

기후붕괴 위험과 얽혀 닥친 오늘의 복합위기는 주먹구구식의 법 개정이 아니라 담대한 방식의 헌법 제·개정을 우리에게 요구한다. 기후변화, 환경오염, 생물다양성 손실이라는 삼중 행성 위기 triple planetary crisis가 겹쳐 복합적으로 위험을 증가시키고 있고, 생태계는 물론 인간 사회와 경제에 지대한 영향을 끼치고 있다. 여러 난관이 하나의 그물망을 형성하고 있기에, 각각을 함께 보면서도 따로 초점을 맞추는 방식으로 문제를 풀어갈 수밖에 없는 상황이다. 가타리Felix Guattari의 말처럼 자본축적의 위기와 자연파괴로 인한 생존의 위협뿐만 아니라 사회적 연대망과 정신적 삶의 방식의 쇠퇴까지(이찬웅 2022: 16 재인용) 그야말로 모든 것이 재발명되어야 할 지경에 이르렀다.

녹색 헌법의 발명은 이렇게 요구되는 발명 중

에서도 가장 중요한 것에 속한다. 헌법은 어떤 삶을 살아가는 것이 바람직한가에 관한 어느 한 국가공동체의 기본 번영 가치와 규범 가치가 담기는 정신의 그릇이기 때문이다.

생태적 복합위기에 대해 법적으로 대응하려는 국내외의 활발한 움직임은, 한국의 녹색 헌법개정을 미룰 수 없게 하는 또 다른 요소다. 기후위기 대응을 헌법에 어떻게 담아낼 것인가에 관한 논의가 국제적으로 진행되고 있다. 노르웨이의 사례처럼 관련 헌법 규정을 가진 국가는 그렇지 않은 국가에 비해 생태발자국이 더 작고 더 빨리 대기오염을 줄인다는 증거 기반 연구도 있다. 국가의 기후위기 대응 의무를 헌법에 조문화하는 것은 보다 강력한 기후·환경 관련 법 그리고 해당 법의 보다 나은 집행과 관련 거버넌스에의 대중적 참여를 촉진하는 중요한 촉매제이기도 하다(David R. Boyd·Emmett Macfarlane 2014).

기후운동 진영 역시 법이 정의를 위한 강력한 힘이 될 수 있다는 믿음에 뿌리를 두고 각종 기후소송을 제기하는 것은 물론, 국제사법재판소(ICJ)에 소를 제기하고, 국제법과 인권법에 호소하는 캠페인을 펼치고 있다. 세계청소년기후정의행동(WYCJ)은 각국 헌법이 지구를 보호하고 모든 사람이 살기 좋은 현재와 미래를 보장하기 위한 집단적 책임을 반영할 것을 촉구하고 있다. 국내의 청년기후긴급행동의 경우 2023년 기후정의행진을 앞두고 발표한 〈생태공화국 통문〉에서 생태적 존재로서 "우리의 생활, 관계, 행동을 규율하는 법 질서 또한 지구의 유한하고 순환하는 질서에 부합하기를 원한다"고 밝히면서, 기후위기 시대에 자신이 생태정치의 주체임을 스스로 선언한 이들이 탈환할 국가의 청사진으로 '생태공화국'을 상상하고 있다.[20]

기존의 환경법에서 생태법으로 법의 패러다임이 이동[21]하고 있다는 점도 주목을 요한다.[22] 지금과는 전혀 다른 법이 요청되고 있는데, 인간들끼리 맺어왔던 사회계약을 이제는 비인간 존재들과 맺는 관계로까지 확장하는 사회계약 갱신이 필요하기 때문이다(지구법학회 2023). 생태법학은 지난 몇 세기 동안 지배적 법 전통을 뒷받침해온 인간중심적 가정을 거부하는 법 이론과 법 실무 분야의 흐름을 지칭한다. 야생의 법Wild Law, 지구법학Earth Law, 생태적 헌법주의ecological constitutionalism 등과 같은 이론적 관점, '자연'과 '법' 개념에 관한 토착적 내지 비서구적 법 전통과의 대화, 그리고 인간중심적 세계관과 대립하는 모든 법 이론과 실천들을 포괄한다. 생태법학은 인간 삶의 자연적 조건을 법에 내재화하고, 이를 헌법과 인권법, 재산권, 기업의 권리를 포함하여 모든 법의 기초로 삼아야 한다고 주장한다(박태현 2025a). 보셀만Klaus Bosselmann은 환경에 관한 법적 시스템의 변화를 단계적으로 분류하면서 생태법치국가라는 새로운 질서를 정적인 실체가 아닌 역동적인 과정으로 설명하기도 한다.[23]

실정법은 아니나 세대 간 기후범죄법The Intergenerational Climate Crimes Act 같은 논의도 진행되고 있다.[24] 여기에서 '세대 간'이란 모든 과거, 현재, 미래 세대를 포함하며, 한 세대는 30년 혹은 달리 확정된 연수를 지칭하지도 않는다. 나아가 세대 간 관계는 인간 사이의 관계, 비인간 사이의 관계, 인간과 비인간 사이의 관계를 모두 포함하는 것으로 이해된다. 미래 세대에 관한 국내 논의를 보면, 현행 헌법 전문의 "우리들의 자손의 안전과 자유와 행복을 영원히 확보"라는 문구를 미래 세대에 대한 사회의 책임을 명기한 것으로 해석하는 의견도 있다. 반면, 어떤 이들은 미래 세대에 대한 책임을 헌법에 별도로 명시해야 한다고 주장한다. 또 다른 이들은 이미 동료 시민으로 존재하는 이들을 미래 세대로 연기시킨다는 측면에서 미래 세대 담론에 대해 불편함을 드러내기도 한다. 세대 간 정의를 구체적으로 정의하는 방식을 참조하여 미래 세대에 관한 이견을 좁혀나갈 필요가 있다.

20세기 후반기와 21세기 들어 나타난, 인간과 비인간 존재, 지구 시스템에 관한 자연과학적 지식과 철학적 통찰의 진보 역시 녹색 헌법개정이 필요함을 시사한다. 이 지식과 통찰에 의하면, 인체는 비인간 물질로만 구성되어 있어서 인간만의 고유한 물질이라는 것은 존재하지 않는다. 그뿐 아니라 인간-비인간 연결성이야말로 인간의 물리적 실재의 핵심에 해당한다. 태양광은 물론이고, 대기, 물, 암석, 맨틀과 핵 같은 지구 구성 물질의 존속이 인간 복지를 가능하게 하는 가장 근원적인 여건임도 확인되었다. (태양으로부터 지구로 오는 자유에너지는 지구상의 모든 생물이 살아가는 근본적인 힘이며, 외핵의 대류 운동이 생성해 내는 지구 자기장은 태양풍을 이루는 전하 입자들로부터 지구를 보호한다. 맨틀의 대류 운동으로 형성되는 암석에 이산화탄소가 충분히 흡수되었기에 비로소 생명체가 지구에 나타날 수 있었다. 인간은 약 21% 농도의 산소 덕분에 불타지 않은 채 살아갈 수 있고, 산소로 이루어진 오존층 덕분에 화상을 입지 않고 생존할 수 있다.) 350ppm 정도의 농도로 대류권에 존재하는 이산화탄소도 인류의 안녕에 지대하게 중요한데, 너무 춥지도 덥지도 않은 환경을 이산화탄소 같은 온실가스들이 조성하기 때문이다. 인간, 비인간, 지구에 관한 이러한 지식은 국가공동체 번영의 원리와 방향을 정하는 데 가장 기본적인 참조

틀이 되어야 마땅하다. 나아가 생명 부양적 지구 시스템의 존속을 위태롭게 하는 방식의 번영 추구는 지양되고 극복되어야 한다는 녹색 번영의 원리가 정립되고 천명될 필요가 있다.

제헌헌법 이후 아홉 차례에 걸쳐 헌법이 개정되었지만, 과거의 개헌과는 질적으로 다른 개헌이 요청되고 있다. 지속적 경제성장과 개발을 통해 복지를 확보하고 분배 정의를 관리한다는, 현행 헌법에 내장된 기본 전제가 더는 유효하지 않은 상황이고, 이 상황이 지속될수록 위기는 깊어질 것이기 때문이다(이국운 2017). 따라서 기후위기 시대에 걸맞는 새 헌법의 발명이 요청되고 있다. 권력구조 개편, 지방분권 중심의 개헌 논의가 있지만, 근시안적이고 소극적인 개헌은 한계가 있고 위험하기까지 하다. 개헌 자체가 실행하기 어려운 과제인 만큼 제7공화국 개헌은 반드시 녹색 가치를 담아내는 개헌이어야 한다.

하지만 이를 위해서는 녹색 국가로의 전환 필요성에 관한 대중적 토론이 분출되고 본격화될 필요가 있다. 일반적으로 헌법은 총론, 기본권, 통치구조론으로 삼분되고, 기본권을 그 핵심 내용으로 한다. 하지만 녹색 국가를 만들기 위해서는 인간의 기본권을 넘어서 **인간과 비인간 존재와의 공존이라는 가치를 중시하는 새로운 번영**

개념이 헌법에 명시될 필요가 있다. 나아가 통치구조 자체가 이러한 가치가 실현되는 방향으로 개편될 필요가 있다.

5. 녹색 헌법 제·개정: 방향과 내용

그렇다면 녹색 헌법 제·개정은 어떤 방향에서 수행되어야 할까? 녹색 헌법 만들기와 관련한 하나의 구체적 참고 지점은 2025년 초 탄핵 광장에서 표출된 사회대개혁과제다. 탄핵 광장에서 시민들은 겨울 추위에 맞서 한국사회가 어떻게 달라져야 하는가에 관한 말들을 이어갔고, 시민대토론회를 통해 사회대개혁과제를 도출했다. 작성된 개혁과제 목록 중 〈기후위기 너머 정의로운 생태사회 분야〉에서는 다른 분야에 비해 헌법개정 항목에 해당하는 제안들이 많았다. 이러한 시민적 요구를 녹색 헌법에 어떻게 담아낼 수 있을까도 충분히 논의되어야 할 것이다.[25]

> ### 〈기후위기 너머 정의로운 생태사회 분야〉
> ### 대안 및 개혁 방향 헌법개정 요구
>
> 3. 기후생태위기에 대응하는 헌법개정 : 대안 및 개혁 방향
>   ① 헌법 전문에 기후생태위기 대응과 후발 세대의 보호 의무를 천명하는 문구를 삽입
>   ② 헌법의 적절한 위치에 국가의 기후·생태 보호 의무 조항을 신설
>   ③ 헌법의 적절한 위치에 국가의 동물보호 의무 조항을 신설

출처 내란청산·사회대개혁비상행동(2025), 12개 의제·118개 사회대개혁과제, <탄핵을 넘어, 대선을 넘어, 사회대개혁으로 만드는 새로운 세상>, 공동정책토론회(2025.4.17.) 자료집.

헌법개정에 관한 이 방향 제안이 일러주듯, 중요한 것은 헌법의 앞머리, 즉 전문과 제1조에 국가의 녹색 번영 이념과 생태계와 미래 세대 보호 의무를 명기하는 것이다. 가령 박태현·지현영(2024)은 현행 헌법 전문에서 "우리들의 자손"을 "미래 세대"로 바꾸고, "또한 자연과 전체 생명체를 존중하는 새로운 공존 질서를 확립하고, 자연과 조화하는 지속가능한 발전을 추구함으로써 지구환경과 생물다양성 및 기후를 온전히 지킬 것을 다짐하면서"라는 문구를 추가하자고 제안한다.[26] 현행 헌법은 제1조

제1항에서 "대한민국은 민주공화국"임을 선언하고 헌법상 기본원리로 민주주의 원리, 법치국가 원리를 도출하고 있다. 독일의 경우 "독일연방공화국은 민주적이고 사회적인" 연방국가임을 명확히 하고 있는 반면, 한국은 명시적으로 '**사회국가**'를 명시하고 있진 않다. 2018년 국회에 청원으로 제출된 참여연대의 개헌안을 보면 제1조 제3항에 국가 성격 조항을 신설하고 "대한민국은 민주적, 분권적, 사회적 법치국가이다"라고 하여 민주공화국의 내용을 구체적으로 규정하고 있는데, 이와 같은 방식을 참조해 녹색국가적 성격을 규정하는 것도 고려할 수 있겠다. 한편 녹색전환연구소는 녹색 헌법의 핵심적 가치로서 '생명과 민주주의'를 제시하기도 했는데, 헌법 전반에서 생명 가치를 중요하게 생각하면 자연히 평화, 분권, 문화, 다양성 같은 다른 가치도 중시하게 된다고 밝히고 있다.

  라틴아메리카에서 녹색 가치를 헌법에 담아낸 대표적 사례로 꼽히는 에콰도르나 볼리비아도 우리 사회의 녹색 헌법의 방향을 잡는 데 중요한 참고가 될 수 있을 것이다. 두 국가의 경우 다양성을 넘어 복수성을 담고자 했고, 국가 형태도 '복수국민국가 estado plurinacional'를 선언하고 있다. 이는 단일 국민을 상정하는 근대국가 자체를 재발명하는 기획으로서, 하나의 국가 안에 복수의 공동체가 존재함을 존중하고 '다문화'가 가지는 위계도 거부하는 수평적 공존을 추구한다. 에콰도르는 2008년, 볼리비아는 2009년에 새로운 헌법을 만들었는데, 토착민들의 문화에 뿌리를 둔 '공통적인 것'과 '좋은 삶buen vivir'을 공동체 번영 가치로 규정하고 있다.[27] 이 사례가 보여주듯, 우리는 다른 것들의 공존과 생명의 공존을 여러 번영 가치 가운데 하나의 가치가 아니라 새로운 번영의 중심 가치로 생각할 필요가 있다.

생태 헌법 연구자인 린다 콜린스Lynda Collins의 제안도 참고 자료가 된다. 콜린스는 헌법에 최소한 성문화해야 할 내용으로 지속가능성principle of sustainability, 안전하고 깨끗하며 건강하고 지속가능한 환경에 관한 인권human right to a safe, clean, healthy and sustainable environment, 세대 간 형평성과 공공신탁doctrines of intergenerational equity and the public trust, 자연의 권리rights of nature, 사전배려 원칙precautionary principle, 건강한 기후에 관련된 권리와 의무rights and obligations relating to a healthy climate를 꼽았다. 콜린스는 이러한 원칙의 일부 또는 전부를 헌법에 포함하는 것이 지속가능성을 향한 여정에 중요한 진전이 될 것이라고 말한다(Collins 2021).

각국의 헌법을 연구하고 새로운 헌법 만들기를 지원해온 국제민주주의와 선거 지원 연구소(International

IDEA)가 최근 개발한 (헌법의 환경보호 관련) 질문 목록도 참고가 될 만하다. 이 평가도구는 전 세계 헌법이 환경보호에 관한 내용을 어떻게 다루고 있는지 체계적으로 탐구한 최초의 시도로서 아프리카, 아시아, 카리브해, 유럽, 라틴 아메리카, 중동, 오세아니아 전역의 각 헌법에서 그 환경조항을 수집, 정리하고 있다. 평가도구의 질문은 총 7가지 영역으로 분류된 36가지 항목으로 구성되어 있는데, 각각의 질문에 해설과 함께 구체적 선행 사례까지 제공하고 있다. 질문의 목록은 다음과 같으며, 한국의 녹색 헌법의 내용을 구성하는 데 유효한 참고 자료로 보인다.

> **I. 기본적인 환경 원칙과 가치**
> Foundational environmental principles and values
>
> 1. 환경보호에 대한 약속이 헌법에 가치로서 명시되어 있는가?
> 2. 헌법은 자연자원이 사람들의 소유이며 국가는 모두의 이익을 위하여 그것을 관리한다고 규정하고 있는가?
> 3. 헌법은 경제발전을 지속가능한 개발의 관점에서 바라보고 있는가? 헌법은 땅과 자연자원의 지속가능한 개발과 관리를 장려하는가?
> 4. 헌법은 세대 간 형평성의 원칙을 포함하며 미래 세대의 이익이나 권리를 보호하고 있는가?

II. 환경권과 책임
Environmental rights and responsibilities

5. 헌법은 건강한 환경에 대한 권리를 인정하는가?

6. 헌법은 시민들에게 환경을 보호하고 개선하며, 자신들이 초래한 환경피해에 대한 책임을 질 것을 의무화하는가?

7. 헌법은 환경문제에 대한 정보 접근권, 참여권, 사법 접근권과 같은 절차적 환경권을 인정하고 장려하는가?

8. 헌법은 토착민의 토지에 대한 공동 소유권, 영토 보호권, 자연자원 관리·보존권을 인정하는가?

9. 헌법은 자연의 권리를 인정하는가? 헌법은 누가 환경보호를 위한 법적 조치를 취할 자격이 있는지 명시하고 있는가?

III. 환경보호를 위한 국가의 책무
State duties for environmental protection

10. 헌법은 환경을 보호하고, 생물다양성을 보호하며, 환경파괴를 해결하기 위한 국가의 책임을 명시하고 있는가?

11. 헌법은 환경보호에 기여하기 위한 최소 기준을 포함한 산림 면적에 대한 공약을 포함하고 있는가?

12. 헌법은 취약하고 멸종위기에 처한 생태계 또는 특별히 중요한 생태계에 대한 보호 조항을 포함하고 있는가?

13. 헌법에 자연·야생동물 보호구역 설정 조항이 포함되어 있는가?

14. 헌법에 유해폐기물을 포함한 오염·폐기물 관리 규정이 있는가?

15. 헌법에 재난위험 감소와 대응이 포함되어 있는가?

16. 헌법에 기후변화 완화와 적응 전략이 포함되어 있는가?

IV. 경제와 지속가능성
Economy and sustainability

17. 헌법은 환경과 관련하여 책임감 있고 지속가능한 사업 관행을 장려하는가?

18. 헌법은 경제개발보다 인간과 환경의 복지를 우선시하는가?

19. 헌법은 천연자원의 사유화를 허용할 때 공익을 보호하는가?

20. 헌법은 재생에너지와 친환경 기술의 개발과 사용을 장려하는가?

V. 환경 거버넌스와 지역사회 참여
Environmental governance and community engagement

21. 헌법은 국가 정책이 환경보호를 지향하도록 지시하는가?

22. 헌법은 주변 환경이나 천연자원에 영향을 미치는 결정에 관하여 지역사회와의 협의를 요구하는가?

23. 헌법은 정부가 선주민의 토지, 영토, 권리, 자원에 영향을 미치는 개발 프로젝트와 기타 정책을 시행하기 전에 선주민과 성실하게 협의하거나 사전적으로 충분한 정보에 근거한 자유로운 동의를 구할 것을 의무화하는가?

24. 헌법은 환경, 건강 또는 주민이나 지역사회의 이익에 부정적인 영향을 미칠 수 있는 활동에 대한 환경영향평가를 요구하는가?

25. 헌법은 사전예방prevention과 사전배려precaution, 비회귀의 환경법 원칙을 포함하고 있는가?

26. 헌법은 환경보호와 관련하여 각 정부 단위의 역할과 책임을 명시하고 있는가?

27. 헌법은 도시·개발계획에서 환경보호를 고려할 것을 요구는가?

28. 헌법은 시민들의 환경교육과 환경 인식 제고를 장려하는가?

VI. 책임성: 감시, 집행, 구제
Accountability: Monitoring, enforcement and remedies

29. 헌법은 자연자원 관련 계약의 공개를 요구하는가? 그러한 계약에 대한 입법부의 승인, 비준 또는 감독을 요구하는가?

30. 헌법은 환경보호 책임을 독립된 기관의 권한과 책임으로 포함하고 있는가?

31. 헌법은 환경법원과 재판소를 설립했는가?

32. 헌법은 검사가 환경을 보호하기 위해 법적 조치를 취하도록 명령하고 있는가?

33. 헌법은 민간 행위자에게 환경피해에 대한 책임(오염자 부담 원칙)을 구속력 있게 명시하고 있는가? 헌법은 환경피해에 대하여 제소기한 초과를 면제하는가?

34. 헌법은 시민이나 단체가 환경권을 행사하고 환경피해에 이의를 제기할 수 있는 법적 구제수단을 명시하고 있는가? 환경소송을 제기할 수 있는 법적 근거를 광범위하게 허용하는가?

VII. 초국적 협력과 국제법
Transboundary cooperation and international law

35. 헌법은 환경과 자연자원 보호를 위한 국제협력과 조정을 장려하는가?

36. 헌법은 지역·국제인권조약이 비준과 동시에 자동으로 발효되도록 규정하고 있는가 아니면 국내화 절차가 필요한가? 헌법·일반법과 관련하여 국제법의 지위는 어떠한가?[28]

이 목록에서 다루고 있는 녹색 헌법의 내용은 일종의 '녹서green paper' 제안이라고 볼 수 있다. 완결된 결과물인 백서나 청서가 아니라 다양한 의견을 수렴하고 대화와 토론을 촉진하는 도구로 쓰임이 있는 잠정적 결과물이다. 따라서 향후 녹색 헌법 제·개정 관련 대중 숙의 과정에 실효성 있는 도구로 사용될 수 있을 것이다.

자, 조금 더 구체적으로 우리 헌법의 조항을 들여다보기로 하자. 현행 헌법 중 국토의 이용과 관리에 관한 사항의 경우, 어떤 개정이 필요할까?

첫째, 헌법개정을 통해 국토를 기반으로 한 자연자원(지상, 지하, 수산자원)과 자연력(수력, 풍력 등)의 공공적 가치와 그에 대한 지속가능한 관리 원칙을 명확히 기술할 필요가 있다. 즉, 국가 주도형 개발성장 체제가 국토의 지속가능성을 훼손시켜왔다는 점에서 국토와 자원의 공공성과 지속가능한 관리 의무를 헌법에 명시하여 사유화와 무분별한 이용을 제한하도록 해야 한다.

둘째, 희소성과 공공성이 높은 국토와 자연자원의 이용, 관리, 보존에 따른 부담과 혜택을 미래 세대를 포함해 사회 구성원들이 차별 없이 공평하게 나누자는 원칙을 헌법에 명기할 필요가 있다.

한편, 지속가능한 국토 관리를 위해서는 헌법

상 재산권 관련 내용의 개정도 필요하다. 우선, 제23조 제2항의 재산권 행사 제한 원칙에 '지속가능성 실현'을 추가함이 필요하다. 그리고 제3항에 공공복리와 지속가능성 실현을 국가의 목적으로 두고 공공성이 강한 국토와 자원에 대한 사적 재산권 행사를 법률로 제한할 필요가 있다. 또 하나의 방법은 공공복리의 대표적 예로 국토와 자연의 지속가능성을 명기하는 것이다. 예를 들어 제23조 제2항의 "공공복리"라는 표현을 "국토와 자연의 지속가능성 등 공공복리" 같은 표현으로 대체하는 것이 가능하다.

농업과 관련해서는 크게 두 가지 긴급한 사안을 생각해 볼 수 있다. '식량 자급력 확대'와 '농업의 생태적 전환'이 바로 그것이다.

첫째, 헌법의 농업 관련 조항에 식량 자급률 향상을 국가의 책임으로 분명히 해둘 필요가 있다. 프랑스, 중국, 일본 등 세계 각국이 기후위기 비상사태에 대비하여 식량위기 예방과 식량주권Food Sovereignty 실현을 위해 적극 나서고 있다는 사실도 이 방향의 개헌 필요성을 시사한다.

관련하여 국민의 식량주권 또는 먹거리 기본권과 농민의 권리를 헌법에 못 박아 두는 일이 필요하다. 우선, 헌법상 주요 기본권의 하나로서 식량주권 또는 먹거리 기본권을 제34조 등에 새 조항 형식으로 추가할 필요가 있다. 2016년/2017년 개헌 논의 시기에 농민헌법운동본부가 꾸려져 "농업의 가치, 농민의 권리, 국민의 먹거리 기본권"을 목표로 하는 농민 헌법을 주장했는데, 이런 농민 헌법은 녹색 헌법에서 다루어야 할 핵심적인 내용이다. 김은진(2015)은 식량주권에 관한 논의와 이를 헌법으로 보장한 베네수엘라, 볼리비아, 에콰도르, 네팔, 니카라과, 우루과이의 사례를 소개하면서 식량주권 실현을 위한 「식량주권기본법」과 「국민기초식량보장법」의 법제화를 주장한다. 한상희(2021)는 헌법은 인권을 향한 데모스의 정치를 담아내는 유효한 장이며, 헌법의 개방성과 역사성, 정치성이 헌법 투쟁의 토대가 된다고 강조하며 "농민 권리의 헌법화"를 제안한다. 농민이 자긍심을 가지고 농업 활동을 지속할 수 있도록 생산(적정 생산비 보장), 유통(유통 합리화), 소비(책임구매, 책임소비) 전 분야에 걸쳐 농업을 지원할 국가 차원의 책무가 헌법에 명시되어야 한다.

둘째, 농업 자체를 생태적으로 전환하여 삶의 지속가능성 확보에 기여할 국가의 의무를 헌법에 명기하는 일이다. 기후위기 대응의 일환으로 친환경·유기 농업 중심으로 농업을 전환하는 것이 세계적 추세임에도 우리 사회의 친환경농업 정책은 오히려 후퇴하고 있기 때문이다.[29]

이 외에도 대기, 수질, 토양 환경과 생물다양성 보전, 사회공동체 돌봄 등 농업, 농촌이 가지는 다원적이고 공익적인 가치를 헌법에 명확히 담을 필요가 있다. 농업 생산의 기반이 되는 농지의 공공성과 지속가능성 확보도 중요한 과제로 다뤄져야 한다.

6. 녹색 헌법 제·개정, 그 민주주의적 전진의 방법

어떤 내용의 녹색 헌법이냐만큼 중요한 것은, 어떻게 녹색 헌법을 만들 수 있을까일 것이다. 최근 수십 년간 세계 절반 이상의 국가에서 헌법이 새로 제정되거나 개정되었다. 그 과정은 각각 다르지만 대중적 참여, 신뢰 구축, 국제적 규범의 고려, 절차의 중요성을 포함하는 것이 21세기 헌법 제·개정의 특징이다(Sanders 2012). 유엔의 헌법 검토 절차 지침에서도 포용성inclusivity, 참여participation, 투명성transparency을 강조하고 있다.

그러나 시선을 한국으로 옮기면, 우리는 답답한 현실과 부딪히게 된다. 그간 우리 사회에서는 현행 헌법이 수명을 다했고 따라서 개헌이 필요하다는 주장이 반복되어왔다. 2025년 조기 대선이 진행되면서 이재명 후보가 개헌 공약을 발표했지만, 그 내용을 보면 대통령의 권한 분산과 책임성 강화, 4년 연임제와 결선투표제 도입, 자치와 분권 강화 등의 내용이 중심일 뿐이다. "시대적 요구에 따라 안전권, 생명권, 정보 기본권 등 기본권 강화와 확대를 위한 논의도 시작해야" 한다는 내용은 포함되었으나, 녹색 국가의 책무와 기본 원리, 농민의 권리 등은 어디서도 찾아볼 수 없다. 개헌 과정과 관련해서도 국회 개헌특위와 국민투표법 개정 등의 절차를 제안하고 있지만, 국민투표 참여를 빼면 헌법개정 권력인 시민들의 구체적인 참여 방안은 찾아볼 수 없다.

현행 헌법의 개헌 규정 역시 커다란 걸림돌이다. 현행 헌법 제10장 제128조~제130조는 개헌에 관해 규정하고 있는데, 국회의원 과반수 또는 대통령의 발의로 제안되며 20일 이상 공고하고 국회에서 재적의원 3분의 2 이상의 찬성으로 의결하면 국민투표로 확정하여 대통령이 이를 공포한다. 이에 따르면, 개헌안은 전문가들의 손에서 만들어지고, 주권자인 시민은 제시된 개헌안에 가부를 투표할 뿐 정작 새 헌법 만들기에는 개입할 여지가 거의 없다. 현행「국민투표법」역시 국민투표 절차와 국민투표에 관한 운동에 관해 규정하고 있을 뿐이다.

이 상태에서 기성 정치권과 전문가들이 중심이 된 닫힌 틀 안에서 개헌을 추진하게 될 경우 시대적 요구에 부응하는 녹색 개헌이 과연 가능할까? 윤현식(2018)은 개헌 논의의 근본적인 출발점은 헌법개정을 실질적으로 가능하게 할 수 있는 주체로서 주권자의 의지와 참여를 형성하는 것이라고 말한다. 녹색 헌법도 다르지 않다. 개헌 과정에 참여할 폭넓은 주체의 형성이 관건이다. 그렇다면 개헌안 작성 과정에의 시민 참여를 보장하는 별도 법안을 서둘러 제정하는 것, 새 정부에서 이 과정을 작동시키는 것이 긴요하다.

그러나 정작 중요한 것은 개헌을 추동할 힘은 어디에서 오는가라는 문제다. 지난 탄핵 정국의 한복판, 농민들이 몰고 왔고 시민들이 에워싸 지켜낸 트랙터에는 '농민 헌법'이 걸렸다. 이처럼 구체적으로 체감되는, 개헌을 둘러싼 주권자의 정치적 압력이 **물질적 헌정**material constitution을 끓어오르도록 하지 못한다면, 선거 민주주의를 따라 움직이는 기득권 정치의 약속만으로는 물질적 헌법으로서 녹색 헌법 만들기는 요원할 것이다(김은희 2025). 그저 법의 형식을 취하고 있는 형식적 헌법이 아닌, 국가 공동체의 근본 규범과 번영 가치를 담은 법규범 전체로서의 실질적 헌법, 나아가 현실과 괴리되지 않는 헌법의 마련이 필요하다. 그리고 이것이 가능하기 위해서는 물질적 헌정이 작동되어야 한다. 물질적 헌정의 구성요소로는 국가의 통합력과 관련한 정치적 통일political unity, 국가기관의 역할에 관한 제도institutions, 헌법의 내용에 영향을 미치는 사회적 현실인 사회적 관계social relations 그리고 헌법이 추구하는 핵심 가치인 기본적 정치 목표fundamental political objectives가 꼽힌다(Wilkinson 2023). 이는 사회적·정치적·문화적 요소들이 헌법의 내용을 구성하고 헌법의 효력을 실현시키는 중요한 역할을 한다는 의미이다. 즉, 구체적 현실의 삶에서 녹색 헌법의 필요를 공론화하고, 그 힘으로 녹색 헌법 제·개정 과정에의 시민 참여 보장을 요구하는 시민의 압박 행동이 증대되어야 한다. 녹색 헌법의 필요에 관한 시민적 열망과 정치력의 폭발은 공론장과 공론 결사체들의 활성화로 이어질 수 있고, 바로 이 과정이 곧 물질적 헌정의 구현 과정일 터이다.

　　　　해외에서는 헌법개정, 원전 정책, 기후위기 대응 등 주요 국가정책을 공론화 과정을 통해 결정함으로써 사회갈등을 줄이고 숙의 민주주의를 증진한 사례들이 다수 있다. 아이슬란드와 아일랜드는 시민의회의 공론화 과정을 통해 헌법개정 문제를 다뤘고, 프랑스, 아일랜드, 잉글랜드, 스코틀랜드, 덴마크, 독일 등에서는 기후위기 대응을 위한 숙의형 소규모 공론장을 운영하여 그 결론이 정책 결정에 반영되게 했다(김선화·오창룡 2023).

한국의 경우 신고리 5·6호기 건설 공론화(2017)를 시작으로 주요 정책 사안에 대한 공론화 과정이 최근까지 계속돼왔다. 무작위 추출로 시민 참여단을 구성해 숙의 과정을 운영한 사례는 통상적 시민 참여나 의견수렴 절차와는 성격을 달리하는 것으로 나름 그 가치를 인정할 만하다. 하지만 기존의 공론장과 숙의 민주주의의 실험은 정부 주도의 의제 설정과 형식적 공론화 과정 설계, 질 높은 숙의에 필요한 시간과 정보 제공의 한계, 일회성 행사 등 여러 문제점을 드러냈다.

우리 사회에서 녹색 헌법개정을 위한 공론장이 활발해지기 위해서는 시민의 공론장 참여를 법적·제도적으로 확실히 보장할 필요가 있다. 하지만 현행 헌법에는 '공론화' 필요성을 직접 언급한 조항이 없고, 공론화를 제대로 다룬 법률도 없다. 다만 「지속가능발전기본법 시행령」의 제23조에서 '숙의공론화장'의 개최와 운영을 언급하며 '공론화위원회' 설치가 가능하도록 하고 있을 뿐이다. 따라서 헌법과 법률을 통해 녹색 공론장의 제도적 기반을 마련하려는 노력이 중요하다.

'녹색'이라는 말에는 다양성에 기반한 창조적

사회 전환이라는 가치가 내포되어 있다. '녹색 국가' 만들기라는 비전은 지구행성적 차원의 보편적 위기에 대한 냉철한 인식, 지금까지의 역사와 번영 서사, 번영 가치에 대한 성찰, 새로운 번영 서사와 가치에 대한 수용으로만 성립 가능하다. 만일 이 비전이 현실화된다면, 이 비전은 민주와 공화의 가치가 새로운 차원으로 승화되고, 돌봄의 영역이 미래 세대, 비인간 존재까지 확장되는 놀라운 공동 번영 사회로 우리를 이끌 것이다. 시대는 분명 이러한 사회 전환을 우리에게 요구하고 있지만, 역사적 관성과 지배적 사고(번영관과 발전관)의 위력, 기득권 유지·확대 욕망이 우리의 발목을 잡고 있다.

우리의 눈에 개헌은 이러한 족쇄를 풀고 전진할 하나의 기회로 보인다. 돌아보면, 우리의 헌법은 애당초 식민 통치에서 벗어난 새로운 국가의 형성nation building과 국가 발전nation development이라는 이중 과제를 안고 시작되었다. 국가 부재 상태의 해결, 공동체 복지 빈곤의 해소, 실추된 자존감의 회복이라는 숙원을 성취하는 것이 최상의 사회 과제였고, 그러다 보니 헌법 역시 그 과제에 부응하는 식이었다. (이재명 정부의 국익, 실용 강조도 이러한 역사적 전진의 힘, 그 연장선에서 나온 것이라 볼 수 있다.) 하지만 이 최상의 사회 과제는 언제까지 지속될 수 있을까? 한반도가 지구 밖에 자리 잡은 공동체가 아니라면, 자본주의 체제의 대가속 운동이 지구 기후 시스템을 요동치게 하는 상황을 고려한 새로운 최상의 사회 과제가 우리를 묶어주어야 한다.

      녹색 헌법 또는 헌법의 녹색화는 그러한 전환의 시작점이 될 수 있다. 미래 세대, 비인간 존재, 지구행성의 가치와 목적을 존중하는 방식의 번영이 참다운 인간 번영이라는 관점을 명시하는 담대한 헌법 제·개정이 필요하다. 하지만 아무리 담대한 것이라도 녹색 헌법은 어디까지나 대중(시민과 공무원)의 자발적 참여를 통해 구체화되는 것이 바람직하다. 이 일은 나라의 기본 번영 가치가 무엇이냐를 바꾸는 중대 사안인 데다 모종의 사회적 대타협을 필요로 하기 때문이다. 이 대타협은 결코 쉽지 않을 것인데, 하나의 상식으로 굳어진 역사 발전관과 번영관이 문제시되어야만 하기 때문이다. 그러나 문이 열리고 있다. 이재명 정부는 국민참여 개헌을 강조하고 있고, 새 정부의 국정과제로서 제시된 민주시민교육과 기후시민회의, 주민자치회 등을 통해 시민 참여 공론장이 활성화될 여지도 높다. 그런 만큼, 앞으로 시민들이 만들고 참여하게 될 개헌의 공론장이 우리의 녹색 헌법 제·개정 제안을 토론하는 뜻있는 자리가 되기를 소망한다.

보론

보론

지속가능성 위기에 대응하는 사회적 숙의 기구 제안

정규호

기후 문제를 비롯한 지속가능성 위기 문제를 집중해서 다룰 공론화 기구의 설치에 관한 제안들이 제출되고 있다. 먼저, 헌법상 기구로 '(가)국가미래지속회의'를 설치하자는 제안이 있다(박태현 2025b: 26). '국가미래지속회의' 설치를 헌법에 명문화함으로써 미래 세대를 포함해 대한민국의 지속가능한 발전을 위한 중장기 전략과 방법을 행정부 곳곳에 스며들도록 하자는 것이 제안의 주요 내용이다. 하지만 이 제안은 '국가미래지속회의'의 역할의 초점을 대통령 자문에 둠으로써 기존 대통령 소속 기구인 '지속가능발전위원회'와 어떤 차별성이 있는지 불분명하다는 한계가 있다.

헌법상 기구로 '생태환경위원회'를 설치하자는 제안도 있다(녹색전환연구소 2017: 45). 위원회는 기후변화, 생물의 멸종, 자연자원 고갈 등 생태환경 위기 방지와 지구의 순환과 재생의 보전, 환경적 불이익과 책임의 공정한 분배를 목적으로 하며, 위원은 대통령과 민의원(하원), 참의원(상원)에서 각 3인씩 선출하고, 임기는 6년(1회 연임 가능)으로 하고 있다. 그러나 제안된 '생태환경위원회'의 위상과 역할이 모호하고, 지속가능성 위기 문제를 포괄적으로 다루는 데는 한계가 있어 보인다.

헌법상 공론화 기구로서
'국가지속가능미래회의' 설치 제안

지속가능성 위기 문제에 대한 논의 범주, 참여 주체와 방식 등을 과감히 확장한 헌법상 공론화 기구로서 가칭 '국가지속가능미래회의'를 제안한다.

이 회의체는 지속가능한 미래를 위한 중장기 과제를 발굴해 공론화 과정을 통해 사회적 성찰과 학습, 합의의 기반을 확장하고 정부와 국회, 시민사회에 제안하는 것을 주요 역할로 한다. 회의체는 주기적 정권 교체에 따른 영향을 최소한으로 받는 독립 기구여야 하며, 그에 따라 중장기적 안목을 가지고 지속가능성 의제를 연속적이고도 집중적으로 다룰 수 있어야 한다. 회의체의 구성과 운영 방안은 다음과 같다.

첫째, 국민투표를 통해 전문성과 도덕성을 갖춘 인사들을 위원으로 선출하며, 임기 보장을 통해 정치적 당파성과 이해관계로부터 자유롭게 함으로써 4~5년 주기의 선거 정치와 정권 교체에 따른 영향력을 최소화하도록 한다.

둘째, 각 분야별 전문가로 구성된 조사·실행팀을 두고, 정부출연기관들의 협조를 명문화하며, 별도 예산

편성과 조사·연구 기능을 부여해 국가의 지속가능한 미래를 위한 기본 방향, 전략, 과제를 구체적으로 조사하고 제안할 수 있도록 한다.

셋째, 회의체에서 조사·정리된 내용은 사회적 공론화 과정과 연계해서 국민적 이해와 지지, 공감대를 넓힌다. 교육과 홍보 등 다양한 소통 채널을 통해 시민들과 소통하고 피드백을 받음으로써, 국가 차원의 미래지향적 발전 방안에 대한 사회적 합의 기반을 만들어간다.

'국가지속가능미래회의'를 헌법에 의해 보장된 독립된 기구로 설치하는 방안으로 현재 유명무실한 상태로 있는 헌법 제90조의 '국가원로자문회의'를 '국가지속가능미래회의'로 대체할 것을 제안한다. 기존의 제1항의 '둘 수 있다'는 내용을 의무 사항인 '둔다'라고 바꿀 필요가 있다.

공론화 관련 법률 제·개정과
기구 설치 방안

헌법상 공론화 기구로서 '국가지속가능미래회의'는 대통령 직속 기구로 지속가능성 문제에 대한 정부의 컨트롤타워 역할을 하는 가칭 '녹색전환위원회'와 국회의 '기후위기특별위원회', 그리고 시민사회의 '공론화위원회' 등과 유기적 협력 관계를 통해 국가 전체의 지속가능성을 높여가야 한다. 이를 위한 구체적 방안은 다음과 같다.

첫째, 「녹색전환기본법」 제정과 '녹색전환위원회' 설치로 관련 위원회의 위상과 역할을 재조정한다. 현재 지속가능성 관련 국가 기구로 '지속가능발전위원회'와 '탄소중립위원회'가 설치되어 있다. '지속가능발전위원회'가 환경·사회·경제 전반의 지속가능성 문제를 포괄적으로 다룬다면, '탄소중립위원회'는 기후 문제에 특화된 역할을 맡고 있다. '지속가능발전위원회'가 국무총리 소속인 반면, '탄소중립위원회'는 대통령 직속 기구로 되어 있다. 문제는 지금의 '지속가능발전위원회' 구조로는 산업부, 국토부, 기재부 등 강력한 부처들의 정책을 실질적으로 조정하고 통합하는 데 한계가 있다는 점이다. '탄소중립위원회' 또한 에너지 정책 중심으로 편중된 데다 경제·산업·노동 영역을 포괄해 기후위기에 대한 총괄 대응을 하기보다는 부처 계획의 사후적 승인 수준에 머문다는 비판이 나온다. 지속가능성 위기에 사전 예방적이고 총체적인 대응을 하기 위해서는 관련 위원회의 위상과 역할을 전체적으로 재조정하고, 관련 법체계도 정비할 필요가 있다.

대안으로 사회 전반을 지속가능한 방향으로 전환하기 위한 「녹색전환기본법」을 제정하여 정부와 지자체의 녹색전환기본계획 수립·평가를 제도화하고, 환경과 국토, 에너지, 산업, 식량, 자원 이용 등을 포괄하는 범 부처 차원의 상설 협의·조정 기구로 '녹색전환위원회'를 설치하여 중장기 녹색전환 전략을 총괄하게 할 것을 제안한다. 이처럼 범정부 차원의 컨트롤타워로 '녹색전환위원회'를 신설함에 따라 기존의 '탄소중립위원회'는 기후위기 대응을 위한 에너지·탄소배출 관련 전략 수립과 실행·점검 기능에, '지속가능발전위원회'는 지속가능발전목표 등 지속가능성 관련 분야 전반의 모니터링·평가와 지표 관리, 유엔 보고·글로벌 협력 부문에 집중하도록 조정할 필요가 있다. 구체적으로 '녹색전환위원회'를 역할의 중심에 두고 '탄소중립위원회'와 '지속가능발전위원회' 기능을 조정하거나 이들 두 위원회 기능을 '녹색전환위원회'의 분과 형태로 흡수해서 운영하는 방안도 있다.

그리고 이러한 위원회 간 역할 조정을 뒷받침하는 차원에서 「녹색전환기본법」을 새롭게 제정하고 「탄소중립·녹색성장기본법」과 「지속가능발전기본법」을 정비할 필요가 있다.

둘째, 「공론화기본법」, 「시민의회법」제정을 통

해 공론화의 제도적 기반을 확대해간다.「공론화기본법」 제정을 통해 공론화의 목적, 범위와 대상 기준, 절차, 참여 방식, 결과 반영 책임 등을 명확히 규정하고, 독립된 상설 공론화 기구로 '공론화위원회'를 설치해 운영함으로써 시민들의 숙의 역량을 높이기 위한 교육, 홍보, 숙의 주간 운영 등을 지원하게 할 것을 제안한다.

한편 '공론화위원회'는「시민의회법」제정에 따라 설치되는 '시민의회'와 역할 관계를 긴밀하게 조정할 필요가 있다. 시민의회는 다양한 배경의 시민들을 무작위 추출 방식을 통해 선정한 후 특정 의제를 중심으로 숙의 과정을 거쳐 권고안을 도출하게 하여, 결국 그 권고안이 정책 결정에 반영되게 하는 제도이다. 대의 민주주의의 한계를 보완하고 시민의 실질적 정치 참여를 확대하는 방안으로 주목받고 있다. 시민의회 운영 사례는 해외는 물론 국내에서도 있지만, 법적 기반이 미비한 실정이다. 따라서 시민의회의 구성과 운영에 대한 법적 근거를 명확히 마련한다는 차원에서「시민의회법」을 제정할 필요가 있다.

셋째, 지속가능성 관련 집중 숙의를 위한 '공론화 주간'을 운영하여 지속가능한 미래와 삶의 전환에 관한 사회 전체적 인식과 합의 기반을 확장해간다. 현재 환경부 주관으로 매년 운영하고 있는 '기후변화주간'을 확대

개편하는 것도 방법이다.[30] 공론화 주간에는 학교, 직장, 종교기관, 군부대 등 다양한 사회 영역에서 지속가능성 관련 핵심 의제를 놓고 집중 논의할 수 있도록 하고, 이때 세대·영역별 맞춤형 자료가 각종 매체를 통해 공유되도록 하여 사회적 성찰과 학습을 체계적으로 뒷받침하도록 한다(정규호 2025: 425-430).

부록

대한독립선언서(무오독립선언서, 국문, 1919)

우리 대한의 동족 남매와 세계의 우방 동포들이여. 우리 대한은 완전한 자주 독립과 신성한 평등 복리로 우리 자손들에게 세대를 거듭하여 전하기 위하여 이에 이민족 전제의 학대와 억압을 벗고 대한 민주의 자립을 선포하노라.

우리 대한은 예부터 우리 대한의 한(韓)이며 이민족의 한(韓)이 아니다. 반만년 역사의 내치와 외교는 한왕한제(韓王韓帝)의 고유한 권한이요 백만방리(百萬方里)의 높은 산과 아름다운 물은 한남한녀(韓男韓女)의 공유 재산이다. 기골과 문언이 아시아와 유럽에서 빼어나고 순수한 우리 민족은 능히 자신의 나라를 옹호하며 만방과 화협하여 세계와 함께 나아갈 민족이다. 한(韓) 일부의 권리라도 이민족에게 양보할 뜻이 없으며 한(韓) 일척의 땅이라도 이민족이 점할 권한이 없으며 한(韓) 한 사람의 백성이라도 이민족이 간섭할 조건이 없으니 우리 한(韓)은 완전한 한인의 한(韓)이다.

슬프다, 일본의 천한 무인이여. 임진 이래로 반도에 쌓아 놓은 악은 만세에 엄폐할 수 없을지며, 갑오 이후 대륙에서 지은 죄는 만국에 용납지 못할지라. 그의 전쟁을 즐기는 악습은 자보 자위의 구실을 만들더니 마침내 반천역인(反天逆人)인 보호합방을 강제하고, 그의 맹세를 어기는 패습(悖習)은 영토보존이니 문호개방이니 기회균등이니 구실을 삼다가 이어 몰의무법(沒義無法)한 조약을 강제로 맺고, 그의 요망한 정책은 감히 종교를 압박하여 신화(神化)의 전달을 저희하였고, 학자를 제한하여 문화의 유통을 막고, 인권을 박탈하고 경제를 농락하며 군대 경찰의 무단정치와 이민의 암계로 한족을 멸하고 일인을 증식하려는 간흉을 실행한지라. 적극 소극으로 한족을 마멸시킴이 얼마이뇨. 십년 무단의 작폐가 여기서 극단에 이르므로 하늘이 그들의 추악한 행실을 싫어하시어 우리에게 좋은 기회를 주시니 하늘을 따르며 사람에 응하여 대한 독립을 선포하는 동시에 그의 합방하던 죄악을 널리 알려 징벌하니 첫째, 일본의 합방 동기는 그들의 소위 범일본주의(汎日本主義)를 아시아에 제멋대로 행한 것이니 이는 동양의 적이다. 둘째, 일본의 합방 수단은 사기 강박과 불법 무도와 무력 폭행을 두루 갖춘 것이니 이는 국제 법규의 악마이며 셋째, 일본의 합방 결과 군경의 야만적 권력과 경제의 압박으로 종족을 마멸하고 종교를 강박하고 교육을 제한하여 세계 문화를 저해하였으니 이는 인류의 적이다.

이런 까닭으로 천의인도(天意人道)와 정의법리(正義法理)에 비추어 만국의 입증으로 합방 무효를 널리 선언하여 그의 죄악을 응징하며 우리의 권리를 회복하노라.

　　　　슬프다, 일본의 천한 무인이여. 작은 징벌과 큰 타이름이 너의 복이니 섬은 섬으로 돌아가고 반도는 반도로 돌아가며 대륙은 대륙으로 돌아갈지어다. 각기 원상을 회복함은 아시아대륙의 행복인 동시에 너희도 다행이니 완미하여 깨닫지 못한다면 모든 화근이 너희에게 있는 것이니, 옛 것을 회복하여 절로 새로워지는 이익을 다시 깨우쳐주노라. 한번 보아라. 민중의 마적(魔賊)이던 전제와 강권은 그 나머지 불꽃이 이미 다하였고 인류에 주어진 평등과 평화는 밝은 해가 하늘에 가득하듯 하며 공의(公義)의 심판과 자유의 보편은 실로 오랜 세월의 액(厄)을 한 번에 씻어 내고자 하는 천의(天意)가 실현됨이요, 약소국과 미약한 민족을 구제하는 대지의 복음이다. 크도다, 시대의 정의여. 이때를 만난 우리들이 무도한 강권속박(强權束縛)을 벗고 광명한 평화 독립을 회복함은, 천의(天意)를 떨치며 인심에 순응하고자 함이며 지구에 발 딛고 선 권리로 세계를 개조하여 대동건설(大同建設)에 찬동 협력하기 때문이다. 이에 이천만 대중의 충심을 대표하여 감히 황황일신(皇皇一神)께 밝혀 아뢰며 세계만방에 고하나니, 우리 독립은 하늘과 사람이 합응(合應)하는 순수한 동기에 따라 민족이 스스로 지키는 정당한 권리를 행사하는 것이며 결코 눈앞의 이해에 따른 우연한 충동이 아니며 은원(恩怨)에 얽매인 감정으로 비문명적인 보복 수단에 스스로 만족하는 것이 아니다. 실로 오랫동안 일관하는 국민의 지극한 정성이 격발하여 저들 이민족 무리로 하여금 스스로 깨달아 새로워지게 하는 것이며 우리의 결실은 야비한 정궤(政軌)를 초월하여 진정한 도의를 실현하는 것이다. 아아, 우리 대중이여. 공의(公義)로 독립한 이는 공의로 진행할 것이다. 모든 방편으로 군국전제(軍國專制)를 없애고 민족 평등을 전 지구에 널리 시행할 것이니 이것이야말로 우리 독립의 첫 번째 뜻이다. 무력겸병(武力兼併)을 근절하여 천하가 모두 평등하다는 공도(公道)로 진행할 것이니 이는 우리 독립의 본령이다. 몰래 맹약하고 사사로이 전쟁하는 것을 엄금하고 대동평화(大同平和)를 선전할 것이니 이는 우리 복국(復國)의 사명이다. 모든 동포에게 동등한 권리와 부(富)를 베풀어 남녀와 빈부를 고르게 하며 뛰어나거나 모자라거나 나이가 많거나 적거나 모두 평등이 대하여 지혜로운 이와 어리석은 이, 노인과 어린이를 균등케 하여 사해인류(四海人類)를 제도(濟度)할 것이니 이는 우리 독립의 기치이다. 나아가 국제불의(國際不義)를 감독하고 우주의 진선미(眞善美)를 체현할 것이니 이는 우리 한민족이 때에 맞추어 부활하는 궁극의 의의이다. 아아, 한 마음 한 뜻의 2,000만 형제자매여.

우리 단군 태황조(檀君大皇祖)께서 상제(上帝)와 함께하시어 우리의 기운을 명하시며 세계와 시대가 우리의 복리를 돕는구나. 정의는 무적의 검이니 이로써 하늘을 거스르는 마(魔)와 나라를 도적질한 적을 한 손에 처결하라. 이로써 4,000년 조종(祖宗)의 영휘(榮輝)를 현양할 것이며 이로써 2,000만 백성의 운명을 개척할 것이다. 일어나라, 독립군아, 갖추어라, 독립군아. 세상에서 한 번 죽음은 사람이 피할 수 없는 바이니 개돼지와 같은 일생을 누가 구차히 도모하겠는가. 살신성인(殺身成仁)하면 2,000만 동포가 한 몸으로 부활할 것이니 어찌 일신(一身)을 아까워하랴. 한 집안을 기울여 나라를 회복한다면 3,000리 옥토가 모두 자기 집의 소유이니 일가(一家)를 희생하라. 아아, 한 마음 한 뜻의 2,000만 형제자매여. 국민의 본령을 자각한 독립임을 기억할 것이며 동양 평화를 보장하고 인류 평등을 실현하기 위한 자립임을 명심할 것이며 하늘의 밝은 뜻을 받들어 모든 사망(邪網)에서 해탈(解脫)하는 건국임을 확신하여 육탄혈전(肉彈血戰)으로 독립을 완성할지어다.

　　　　　　　　　　　　　　단군기원 4252년 2월 일

金教獻(김교헌)	金奎植(김규식)	金東三(김동삼)
金躍淵(김약연)	金佐鎭(김좌진)	金學萬(김학만)
鄭在寬(정재관)	趙鏞殷(조용은)	呂　準(여 준)
柳東說(류동설)	李　光(이 광)	李大爲(이대위)
李東寧(이동녕)	李東輝(이동휘)	李範允(이범윤)
李奉雨(이봉우)	李相龍(이상용)	李世永(이세영)
李承晩(이승만)	李始榮(이시영)	李鍾倬(이종탁)
李　沰(이 탁)	文昌範(문창범)	朴性泰(박성태)
朴容萬(박용만)	朴殷植(박은식)	朴贊翊(박찬익)
孫一民(손일민)	申　檉(신 정)	申采浩(신채호)
安定根(안정근)	安昌浩(안창호)	任　邦(임 방)
尹世復(윤세복)	曹　煜(조 욱)	崔炳學(최병학)
韓　興(한 흥)	許　爀(허 혁)	黃尙奎(황상규)

대한민국 임시헌법 전문(국문, 1919)

아대한인민은 아국이 독립국임과 아민족이 자유민임을 선언하도다. 차로써 세계만방에 고하야 인류평등의 대의를 극명하였으며 차로써 자손만대에 고하야 민족자존의 정권을 영유케 하였도다. 반만년 역사의 권위를 대하야 2천만 민족의 성충을 합하야 민족의 항구여일한 자유 발전을 위하야 조직된 대한민국의 인민을 대표한 임시의정원은 민의를 체하야 원년(1919) 4월 11일에 발포한 10개조의 임시헌장을 기본삼아 본임시헌법을 제정하야써 공리를 창명하여 공익을 증진하며 국방 급 내치를 주비하며 정부의 기초를 견고하는 보장이 되게 하노라.

대한민국 건국강령 총칙(국문, 1941)

제1장 총칙

一. 우리나라는 우리 민족의 반만년 이래로 같은 말과 글과 국토와 주권과 경제와 문화를 가지고 공동한 민족정기를 길러온, 우리끼리 형성하고 단결한 고정적 집단의 최고 조직임

二. 우리나라의 건국 정신은 삼균제도(三均制度)의 역사적 근거를 두었으니 옛 현인이 분명히 명령하여 「수미균평위(首尾均平位)하야 흥방보태평(興邦保太平)하리라(머리와 꼬리가 고르고 평평하게 자리하여야 나라가 흥하고 태평함을 보전할 수 있다)」라고 함. 이는 사회 각 계급·계층이 지력과 권력과 부력의 향유를 균평하게 하여 국가를 진흥하며 태평을 유지하라고 한 것이니, 홍익인간(弘益人間: 널리 인간을 이롭게 한다)과 이화세계(理化世界: 이치로 세상을 다스린다)하자는, 우리 민족의 지켜야 할 최고의 공리(公理)임.

三. 우리나라의 토지제도는 국유(國有)에 유범(遺範)을 두었음. 선현이 통렬히 논하여 「준성조지공분수지법(遵聖祖至公分授之法)하야 혁후인사유겸병지폐(革後人

私有兼併之弊) (성스러운 선조들이 지극히 공평하게 분배하고 나눠준 법을 따라, 후인들이 사적으로 소유하고 겸병하는 폐단을 혁파한다)」라고 하니, 이는 문란한 사유를 국유로 되돌리라는 일종의 토지혁명 선언임. 우리 민족은 옛 규정과 새로운 법을 상호 참조하여 토지제도를 국유로 확정할 것임.

   四. 우리나라의 대외주권이 상실되었을 때에 순국한 선열은 우리 민족에게 한마음으로 국권을 회복할 것(同心復國)을 유언하였음. 이른바 「망아동포(望我同胞)는 물망국치(勿忘國恥)하고 견인로력(堅忍努力)하야 동심동덕(同心同德)으로 이한외모(以捍外侮)하야 복아자유독립(復我自由獨立)하라 (우리 동포는 국치를 잊지 말고 굳게 참고 노력하여 한마음 한뜻으로 외국의 모욕을 막아 우리 자유와 독립을 회복하길 바라노라)」라고 함. 이는 앞뒤로 순국한 수십만 선열의 대표적인 유지로 현재와 미래에 민족정기를 고동하는 것이니, 우리 민족의 남녀노소가 대대로 잊지 않을 것임.

   五. 우리나라의 독립선언은 우리 민족의 혁혁한 혁명의 발인이며 새로운 세상의 개벽이니, 이른바 「우리는 조국의 독립국임과 우리 민족의 자유민임을 선언하노라. 이로써 세계만방에 고하여 인류평등의 대의를 천명하며 이로써 자손만대에 고하여 민족자존의 정권을 영유하라」 하였다. 이는 우리 민족이 3·1 혈전을 발동한 원동력이며, 같은 해 4월 11일에 13도 대표로 조직된 임시의정원은 대한민국을 세우고 임시정부와 임시헌장 10조를 창조·발포하였음. 이는 우리 민족의 자력으로 다른 민족의 전제를 전복하며, 5,000년 군주정치의 옛 제도를 파괴하고 새로운 민주제도를 건립하며, 사회의 계급을 소멸하는 첫걸음의 시작이었음. 우리는 대중의 핏방울로 창조한 국가 형식의 초석을 옹호·확립하는 데 노력할 것임.

  六. 임시정부는 13년(1931) 4월에 대외선언을 발표하고 균등제도의 건국 원칙을 천명(闡明)하였음. 이른바「보통선거제를 실시하여 정권(政權)을 고르게 하고, 국유제를 채용하여 이권(利權)을 고르게 하고, 공비(公費) 교육으로 학권(學權)을 고르게 하며, 국내외에 대하여 민족자결(民族自決)의 권리를 보장하여 민족과 민족 및 국가와 국가의 불평등을 없앨 것이며, 이를 국내에 실현하면 특권계급이 곧 소멸하고, 소수민족이 침략당하는 일을 모면하고, 정치와 경제와 교육의 권리가 고르게 되어 헌지(軒輊)가 없어지니, 동족과 이민족에 대하여 또한 이렇게 한다」라고 하였으니, 이는 균등주의(均等主義)의 제1차 선언으로, 우리가 발양(發揚)·광대(光大)할 것임.

  七. 임시정부는 이상에 근거하여 혁명적 삼균제도로서 복국(復國)과 건국(建國)을 통하여 일관한 최고

공리인 정치·경제·교육의 균등과 독립·민주·균치(均治)의 삼종 방식을 동시에 실시할 것임

대한민국 임시헌장 전문(1944)

우리 민족은 우수한 전통을 가지고 스스로 개척한 강토에서 유구한 역사를 통하여 국가생활을 하면서 인류의 문명과 진보에 위대한 공헌을 하여왔다. 우리 국가가 강도 일본에게 패망된 뒤에 전민족은 오매에도 국가의 독립을 갈망하였고 무수한 선렬들은 피와 눈물로써 민족자유의 회복에 노력하여 3·1대혁명에 이르러 전민족의 요구와 시대의 추향에 순응하여 정치, 경제, 문화, 기타 일체 제도에 자유, 평등 및 진보를 기본정신으로 한 새로운 대한민국과 임시의정원과 임시정부가 건립되었고 아울러 임시헌장이 제정되었다. 이에 본원은 25년의 경험을 적하여 제36회 의회에서 대한민국 임시헌장을 범 7장 공 62조로 개수하였다.

제헌헌법 전문(1948)

　　　　유구한 역사와 전통에 빛나는 우리들 대한국민은 기미 삼일운동으로 대한민국을 건립하여 세계에 선포한 위대한 독립정신을 계승하여 이제 민주독립국가를 재건함에 있어서 정의인도와 동포애로써 민족의 단결을 공고히 하며 모든 사회적 폐습을 타파하고 민주주의 제제도(諸制度)를 수립하여 정치, 경제, 사회, 문화의 모든 영역에 있어서 각인(各人)의 기회를 균등히 하고 능력을 최고도로 발휘케 하며 각인의 책임과 의무를 완수케 하여 안으로는 국민생활의 균등한 향상을 기(期)하고 밖으로는 항구적(恒久的)인 국제평화의 유지에 노력하여 우리들과 우리들의 자손의 안전과 자유와 행복을 영원히 확보할 것을 결의하고 우리들의 정상 또는 자유로히 선거된 대표로서 구성된 국회에서 단기 4281년 7월 12일 이 헌법을 제정한다.

제6공화국 헌법 전문(1987)

　　유구한 역사와 전통에 빛나는 우리 대한국민은 3·1운동으로 건립된 대한민국임시정부의 법통과 불의에 항거한 4·19민주이념을 계승하고, 조국의 민주개혁과 평화적 통일의 사명에 입각하여 정의·인도와 동포애로써 민족의 단결을 공고히 하고, 모든 사회적 폐습과 불의를 타파하며, 자율과 조화를 바탕으로 자유민주적 기본질서를 더욱 확고히 하여 정치·경제·사회·문화의 모든 영역에 있어서 각인의 기회를 균등히 하고, 능력을 최고도로 발휘하게 하며, 자유와 권리에 따르는 책임과 의무를 완수하게 하여, 안으로는 국민 생활의 균등한 향상을 기하고 밖으로는 항구적인 세계 평화와 인류공영에 이바지함으로써 우리들과 우리들의 자손의 안전과 자유와 행복을 영원히 확보할 것을 다짐하면서 1948년 7월 12일에 제정되고 8차에 걸쳐 개정된 헌법을 이제 국회의 의결을 거쳐 국민투표에 의하여 개정한다.

브라질 헌법(2017 개정)

제225조

모든 사람은 사람들의 이용을 위한 공공재이자 건강한 삶에 필수적인 생태적으로 균형 잡힌 자연환경을 누릴 권리가 있다. 정부와 지역사회는 현재와 미래 세대를 위해 자연환경을 보호하고 보존할 의무가 있다.

제1항 이 권리의 실효성을 보장하기 위하여 정부는 다음과 같은 책무를 가진다.
  Ⅰ. 필수 생태과정을 보존·회복하고 생물종과 생태계들에 관한 생태적 관리를 제공해야 한다.
  Ⅱ. 국가의 유전적 다양성과 그 무결성을 보존하고 유전 물질의 연구·조작에 종사하는 기관을 통제한다.
  Ⅲ. 연방의 모든 단위에서 특별한 보호를 받는 영토 공간과 그 구성요소를 정한다. 모든 변경·억제는 법에 따라서만 허용되고, 보호받아야 할 특성의 무결성을 해할 수 있는 사용은 금지된다.
  Ⅳ. 자연환경을 심각하게 악화할 수 있는 작업·활동을 하기 위해서는 법에서 정한 바에 따라 미리 환경영향을 검토하고 그 결과를 공개하여야 한다.

Ⅴ. 생명과 삶의 질, 자연환경에 해를 초래하는 기술, 방법 또는 물질의 생산, 판매, 사용을 통제하여야 한다.

Ⅵ. 모든 학교에서 자연환경 교육을 촉진하고 자연환경 보존의 필요성에 대한 대중의 인식을 증진하여야 한다.

Ⅶ. 동식물을 보호하고, 법으로 정한 바에 따라 동식물의 생태적 기능을 위태롭게 하거나 절멸을 초래하거나 잔인하게 처우하는 모든 관행을 금지한다.

제2항 광물자원을 채굴하는 자는 법에서 정한 바에 따라 관할 공공기관이 요구하는 기술적 해결방법에 맞게 황폐화한 모든 자연환경을 복원할 의무가 있다.

제3항 자연환경에 유해한 것으로 간주되는 행위와 활동은 개인이든 법인이든 그 위반자에게 형사적·행정적 제재를 부과해야 하며, 이는 발생한 손해를 전보할 의무와 별개이다.

제4항 브라질 아마존 숲, 대서양 숲, 세라 두 마르, 마투 그로소의 판타날Pantanal, 그리고 해안 지대는 국가 유산의 일부이며, 법률에서 정한 대로 자연환경 보존을 보장하는 조건하에서 사용되어야 한다. 자연자원의 사용도 마찬가지다.

제5항 자연 생태계들을 보호하는 데 필요한 토지로서 비점유 토지이거나 별도의 조치로써 국유화된 토지는 (누군가에게) 양도될 수 없다.

제6항 원자력 발전소는 연방법에서 정한 부지에만 설치되어야 하며, 그렇게 않은 곳에 설치될 수 없다.

에콰도르 헌법(2008년 개정)

제71조

생명이 재창조되고 발생하는 곳인 자연 또는 파차마마(Pachamama, 어머니 대지)는 그것의 존속에 대해, 그 생명 순환과 구조, 기능, 진화 과정을 유지하고 재생하는 활동에 대해 온전히 존중받을 권리를 지닌다. 모든 사람과 공동체, 국민과 민족은 공공기관에 자연의 권리를 집행할 것을 요청할 수 있다. 이러한 권리를 집행하고 해석하기 위해서는 헌법에 명시된 원칙들을 준수해야 한다. 국가는 하나의 생태계를 구성하는 모든 요소에 대한 존중을 증진하고 자연을 보호하려는 자연인과 법인, 공동체에게 인센티브를 제공해야 한다.

제72조

자연은 복원될 권리를 지닌다. 이 복원은 영향받은 자연 생태계들에 의존하는 개인과 지역사회에 대해 국가, 자연인이나 법인이 보상할 의무와는 별개이다. 재생 가능하지 않은 천연자원의 채굴로 인해 초래된 경우를 포함해 심각하거나 영구적인 환경 충격이 있는 경우, 국가는 복원을 성취하는 데 가장 효과적인 기제를 마련하고, 유해한 환경 결과를 제거하거나 완화하는 적절한 조치를 취해야 한다.

제73조

국가는 생물종들의 멸종, 생태계들의 파괴, 자연 순환들의 영구적 변형을 초래할 수 있는 활동들을 예방하고 제한하는 조치를 취해야 한다. 국가의 유전자 자산을 결정적으로 바꿀 수 있는 유기체, 유기·무기 물질의 도입은 금지된다.

제74조

사람, 지역사회, 국민, 민족은 그들이 좋은 방식의 삶을 누릴 수 있게 해주는 자연의 부와 자연환경으로부터 혜택받을 권리가 있다. 자연환경의 서비스는 전용專用 대상이 아니다. 즉, 그것의 생산, 전달, 사용, 개발은 국가에 의해 규제된다.

프랑스 자연환경 헌장(2004년 제정)

프랑스 국민은

자연자원과 자연의 균형이 인류 탄생의 조건이 되었고, 인류의 미래와 생존 자체가 자연환경으로부터 분리될 수 없으며, 자연환경은 인류 전체의 공통 유산이고, 인간은 생명의 조건과 자신의 고유한 진화에 점점 더 큰 영향력을 행사하고 있으며, 생물다양성·개인의 완성·인간사회의 진보가 특정 유형의 소비나 생산 그리고 과도한 자연자원 착취에 의해 영향을 받고 있으며, 국가의 다른 근본적 이익과 더불어 자연환경에 대한 보존에 주의를 기울여야 하고, 지속가능한 발전을 보장하기 위해 현재의 필요에 부응하는 선택이 다음 세대의 능력과 그들의 필요를 만족시키려는 다른 국민의 능력을 훼손해서는 안됨을 인식하며,
다음과 같이 선언한다.

제1조
모든 사람은 각자의 건강에 적합한 균형 잡힌 자연환경에서 살 권리를 지닌다.

제2조
모든 사람은 자연환경의 보존과 개선에 참여할 의무가 있다.

제3조
모든 사람은 법률이 정한 바에 따라 자연환경 침해를 예방하거나 자연환경 침해의 결과를 억제해야 한다.

제4조
모든 사람은 법률이 정하는 바에 따라 자신이 자연환경에 초래했을지도 모르는 그 어떤 손해에 대해서도 보상하는 데 기여해야 한다.

제5조
현재의 과학 지식 수준에서는 예측할 수 없더라도, 일정한 피해의 발생이 심각하고 돌이킬 수 없을 정도로 자연환경에 해를 끼칠 수 있는 경우, 공공기관은 사전배려 원칙과 관할 구역 내의 영역을 존중하여 그러한 피해의 발생을 회피하기 위해 위험 평가 절차를 수행하고 관련 위험에 상응하는 임시적 조치를 채택해야 한다.

제6조
공공정책은 지속가능한 발전을 증진해야 한다. 이를 위해 공공기관은 자연환경의 보호·개선과 경제발전·사회진보를 조화시켜야 한다.

제7조

모든 사람은 공공기관이 소유한 자연환경과 관련된 정보에 접근할 권리 그리고 자연환경에 영향을 미칠 수 있는 공적 의사결정 과정에 참여할 권리가 있다.

제8조

자연환경 관련 교육과 훈련은 이 헌장에 명시된 권리와 의무를 실행하는 데 기여해야 한다.

제9조

연구와 혁신은 자연환경의 보존과 증진에 기여해야 한다.

제10조

이 헌장은 유럽적·국제적 단위에서의 프랑스의 행동에 영감을 주어야 마땅하다.

참고문헌

1장 공화

김종철·이지문, 2012, 「공화적 공존을 위한 정치 개혁의 필요성과 조건」, 《세계헌법연구》, 제20권 1호.

김비환, 2016, 《민주주의와 법의 지배》, 박영사.

박권일, 2021, 《한국의 능력주의》, 이데아.

장은주, 2021, 《공정의 배신: 능력주의에 갇힌 한국의 공정》, 피어나.
2023, 「왜 지금 '공화'인가?」, 《민주주의와 인권》, 전남대
5.18연구소, 2023년 제23권 1호.
2024a, 《공화주의자 노무현: 시민적 진보의 탐색》, 피어나.
2024b. 「한국 '검찰 통치'의 기원」, 《동향과 전망》, 제121권

조국(편), 2017, 《사회권의 현황과 과제》, 경인문화사.

조소앙, 1982, 《조소앙》, 강만길 편, 한길사.

서희경·박명림, 2007, 「민주공화주의와 대한민국 헌법 이념의 형성」, 《한국학》, 한국학중앙연구원, vol.30, no.1.

강정인·권도혁, 2018, 「조소앙의 삼균주의의 재해석」, 《한국정치학회보》, 한국정치학회, vol.52, no.1.

안성호, 2024, 「왜 제7공화국 헌정혁신인가?」, 《이로운넷》, 2024.5.07.

로버트 달, 박상훈·박수형 옮김, 2002, 《미국헌법과 민주주의》, 후마니타스.

대런 아세모글루·제임스 A. 로빈슨, 최완규 옮김, 2012, 《국가는 왜 실패하는가》, 시공사.

마이클 샌델, 함규진 옮김, 2020, 《공정하다는 착각》, 와이즈베리.

프랜시스 후쿠야마, 이상원 옮김, 2023, 《자유주의와 그 불만》, 아르테.

필립 페팃, 곽준혁 옮김, 2012, 《신공화주의》, 나남.

필립 페팃, 곽준혁·윤채영 옮김, 2019, 《왜 다시 자유인가》, 한길사.

아비샤이 마갈릿, 신성림 옮김, 2008, 《품위 있는 사회》, 동녘.

W. Merkel·A. Lührmann, 2021, 「Resilience of democracies: responses to illiberal and authoritarian challenges」, *Democratization*, 28(5), 869-884, 2021.

T. Ginsberg·H. Aziz, 2018, *How to Save a Constitutional Democracy*, The University of Chicago Press.

S. Ganghof, 2021, *Beyond Presidentialism and Parliamentalism, Democratic Design and the Separation of Powers*, Oxford University Press.

D. Samuels·M. Shugart, 2010, Presidents, *Parties, and Prime Ministers*, Cambridge University Press.

M. Somer·J. McCoy·R. Luke, 2021, 「Pernicious polarization, autocratization and opposition strategies」 *Democratization*, 28(5).

R. Hirschl, 2007, *Towards Juristocracy: The Origins and Consequences of the New Constitutionalism*, Harvard University Press.

2장 돌봄

구은정, 2020, 「돌봄 가치를 반영하는 개헌을 위하여」, 《경제와 사회》, 통권 제127호, 133-169.

권범철, 2024, 「돌봄과 탈성장」, 신지혜 외, 《기후 돌봄: 거친 파도를 다 같이 넘어가는 법》, 산현글방.

권영성, 1981, 「인간의 존엄성과 행복추구권」, 《고시계》 제26권 2호, 28-44.

김명식, 2017, 「행복추구권에 대한 헌법개정 논의」, 《홍익법학》 제18권 1호, 197-222.

김자경, 2024, 「돌봄 사회로의 전환/돌봄 커먼즈의 확장」, 제주 공동체 돌봄 활성화 포럼, 금융산업공재단·제주사회적경제네트워크, 2024. 6. 21

김희강, 2016, 「돌봄국가: 복지국가의 새로운 지평」, 《정부학연구》 제22권 1호, 5-30.
2018, 「돌봄: 헌법적 가치」, 《한국사회정책》 제25권 제2호, 3-29.
2022, 《돌봄민주국가: 돌봄민국을 향하여》, 박영사.

나상원, 2024, 「미래시민과 돌봄교육」, 《시민사회와 NGO》 제22권 1호, 39-64.

박동욱·김대환, 2021, 「치매노인의 인권과 돌봄을 위한 헌법적 소고」, 《서울법학》 제29권 3호, 45-78.

박은정, 2024, 「남성 자녀 돌봄의 현재와 남성 돌봄 친화 환경 조성 방안」, 육아정책포럼, 2024.09.30., 21-37.

박진경, 2024, 「전국민 돌봄권 보장을 위한 핵심의제」, 혁신적 복지국가로 나아가는 사회권선진국포럼 다섯 번째 자료집, 24.11.12.

백영경, 2022, 「지구의 성장이 멈추는 곳에서 돌봄은 시작된다」, 조한진희·다른몸들(편), 《돌봄이 돌보는 세계》, 동아시아, 311-335.

보건복지부, 2020, 「제4차 저출산·고령사회 기본계획」.

생명학연구회(편), 2025, 《호모 쿠란스, 돌보는 인간이 온다》, 모시는사람들.

손상원, 2024, 「'농민·참여·가사' 광주 3대 공익가치 수당 어디까지 왔나」, 연합뉴스 2024. 3. 14.

송다영, 2023, 「노동·돌봄에 대한 통합적 접근과 사회적 돌봄에서의 남성참여 확대」, 저출생·인구절벽대응 국회포럼 연속토론회(4차 토론회) 자료집.

신지혜 외, 2024, 《기후 돌봄: 거친 파도를 다 같이 넘어가는 법》, 산현글방.

안숙영, 2017, 「젠더와 돌봄: 남성의 돌봄 참여를 중심으로」, 《한국여성학》 제33권 2호.

2023, 「코로나19 팬데믹과 젠더정치학」, 《지역과 정치》 제6권 1호, 75-107.

엄주희, 2023, 「헌법상 복지국가에서 돌봄의 제도적 구현」, 《법제》 통권 제703호, 81-103.

여성노동자회·전국여성노동조합, 2024, 「여성노동자가 원하는 제22대 총선과제」

유은정, 2016, 「미국 헌법문서의 행복 및 안전에 관한 권리의 검토」, 《법학논총》 제35집, 183-216.

이나미, 2025, 「돌봄 정치가 온 길, 나아갈 길」, 《호모 쿠란스, 돌보는 인간이 온다》, 모시는사람들.

이재홍, 2024, 「헌법원리로서의 '돌봄국가원리'에 관한 연구」, 《법학논집》 제28권 3호, 63-100.

장석준, 2022, 《근대의 가을》, 산현글방.

정춘생, 2024, 「사회권으로서의 돌봄권 선언」, 혁신적 복지국가로 나아가는 사회권선진국포럼 다섯 번째 자료집, 24.11.12

조기현, 2023, 「제도로서의 돌봄」, 《돌봄의 시간들》, 모시는사람들.

조한진희·다른몸들 편, 2022, 《돌봄이 돌보는 세계》, 동아시아.

한경애, 2023, 「소유하는 '집/가족'에서 돌봄의 커먼즈로」, 《공간과 사회》 제33권 4호, 256-292.

한국노동조합총연맹·전국민주노동조합총연맹·돌봄공공성 확보와 돌봄권 실현을 위한 시민연대·참여연대·공공운수노조, 2025, 「시행을 1년 앞둔 돌봄통합지원법, 지자체 중심의 제대로 된 통합돌봄을 촉구한다」, 성명서, 2025.03.27.

홍성방, 1999, 「인간으로서의 존엄과 가치」, 《가톨릭사회과학연구》 제11권, 61-84.

자코모 달리사 외, 강이현 옮김, 2018, 「돌봄」, 《탈성장 개념어 사전》, 그물코, 124-129.

더 케어 컬렉티브, 정소영 옮김, 2021, 《돌봄 선언》, 니케북스.

매들린 번팅, 김승진 옮김, 2022, 《사랑의 노동》, 반비.

마리 야호다 외, 유강은 옮김, 2021, 《실업자 도시 마리엔탈》, 이매진.

다니엘 잉스터 김희강·나상원 옮김, 2017, 《돌봄: 정의의 심장》, 박영사.

에바 페더 키테이, 김희강·나상원 옮김, 2016, 《돌봄: 사랑의 노동》, 박영사.

조안 C. 트론토, 김희강·나상원 옮김, 2024, 《돌봄 민주주의》, 박영사.

Cameron, Claire·Peter Moss, 2007, *Care Work in Europe: Current Understandings and Future Directions*, Routledge.

Elliot, Karla, 2016, 「Caring Masculinities: Theorizing an Emerging Concept」, *Men and Masculinities* 19(3), 240-259.

Fineman, Martha A., 2010, 「The Vulnerable Subject and the Responsive State」, *Emory Law Journal* 60, 251-275.

Wichterich, Christa, 2021, 「Covid-19, Care und die Krise als Chance: Zur Aktualisierung des Konzepts der imperialen Lebensweise」, PROKLA: Zeitschrift für kritische Sozialwissenschaft 51(4), 755-766.

Woodly, Deva, et al., 2021, 「The Politics of Care」, *Contemporary Political Theory* 20(4), 890-925.

3장 녹색

김선화·오창룡, 2023, 「시민 참여 공론화 해외사례와 시사점」, 국회입법조사처, 《NARS 현안분석》, 제293호.

김은진, 2015, 「한국농업의 위기와 법제도 개선방안—식량주권을 중심으로」, 《민주법학》 59.

김은희, 2025, 「생태헌법 만들기는 가능한가: 헌법을 새롭게 만들 힘에 관하여」, 〈기후위기시대 새로운 헌법이 필요하다〉 연속세미나(2025.2.5.), 기후위기비상행동.

김태우, 2024, 《몸이 기후다》, 경희대학교출판문화원.

녹색전환연구소, 2018, 《녹색 헌법》, 이매진.

박태현, 2025a, 《좋은 삶과 자연의 권리—환경보호의 새로운 패러다임》, 알렙.

박태현, 2025b, 「기후·생태 헌법 연구」, 「기후위기 시대, 새로운 헌법이 필요하다」, 기후위기비상행동 개헌 연속세미나 자료집.

박태현·지현영, 2024, 「기후·생태 헌법 연구」, 국회 기후위기 탈탄소 경제포럼 연구보고서.

소병천·강현철, 2006, 《국제환경법 용어해설 및 순화연구》, 한국법제연구원.

윤현식, 2018, 「헌법주체와 개헌의 관계」, 《민주법학》 67.

이국운, 2017, 《헌법의 주어는 무엇인가》, 김영사.

이찬웅, 2022, 「펠릭스 과타리의 '세 가지 생태학': 주체성 생산과 '실존적 영토'를 중심으로」, 《탈경계인문학》 15(1).

정규호, 2025, 《녹색국가: 지속가능한 대한민국을 위한 이론과 전략》, 모시는사람들.

지구법학회, 김왕배 엮음, 2023, 《지구법학》, 문학과지성사.

한상희, 2021, 「농민권리, 식량주권 그리고 농민헌법」, 《일감법학》 48.

클라우스 보셸만, 전재윤·박선영 옮김, 2011, 《법에 갇힌 자연 vs 정치에 갇힌 인간》, 도요새.

보아벤투라 드 소우자 산투스, 안태환 옮김, 2022, 《사회해방과 국가의 재발명》, 갈무리.

Almut Schilling-Vacaflor · Detlef Nolte, 2016, *New Constitutionalism in Latin America: Promises and Practices*, Routledge.

David R. Boyd · Emmett Macfarlane, 2014, 「Should environmental rights be in the constitution?」, IRPP, March 3, 2014.

Lynda Collins, 2021, *The Ecological Constitution—Reframing Environmental Law*, Routledge.

Michael A. Wilkinson, 2023, *The Cambridge Handbook on the Material Constitution*, Cambridge University Press.

Sharon Pia Hickey, 2025, 「Environmental Protection in Constitutions Assessment Tool」, International Institute for Democracy and Electoral Assistance.

미주

1 이것은 헌법에 더해 선거제도를 아우르는 개념인데(달 2007, 117), 나는 참된 개헌은 이런 헌정 체제의 변화를 지향해야 한다고 여긴다.

2 한국은 민주주의에 따른 포용적 경제 제도가 정착한 나라의 대표적 예다. 참고: 아세모글루·로빈슨 2012.

3 경제 민주화의 초점은 독일식 노사공동결제제도 같은 것이어야 했지만, 이상하게도 그동안 우리 사회에서는 이런 방향의 요구는 드물었다.

4 김종철·이지문(2012)은 공화적 공존을 위한 정치 개혁의 필요를 주장하면서도 현행 헌법이 이미 충분히 권력 간의 견제와 균형을 잘 구현하고 있다고 본다.

5 이 개념은 양극화된 정치 상황에서 두 진영에 대한 적대성이 심화되어 비민주적인 수단을 동원해서라도 상대 진영을 억압하는 것이 정당화되고, 이런 식의 태도가 일반화면서 정치 영역만이 아니라 일상적인 수준에서도 만연하게 되는 상황을 가리킨다.

6 인간 존엄성에 대한 이런 강조가 반드시 '인간중심주의'를 의미하지는 않는다. 인간은 자연의 일부이고 그 자체로 자연이다. 온전한 자연 없이 존엄한 인간적 삶은 불가능하다.

7 센A. Sen과 누스바움M. Nussbaum의 이 capability라는 개념은 우리 사회에서는 곧잘 '역량'으로 번역되나, 이것은 마치 개인의 주관적인 능력 같은 것을 의미할 수 있어 큰 오해를 불러일으킨다. 그들은 사회가 마련하는 객관적 가능성을 염두에 두고 이 개념을 썼다.

8 이를 위해서는 무엇보다도 시민적 숙의를 가능하게 하는 '시민의회citizen assembly'의 제도화와 상설화에 대한 제안이 있지만, 여기서 더 자세한 논의는 생략한다. 참고: 장은주, 259 이하.

9 2024년 22대 총선에서 더불어민주당의 득표수는 1475만 8083표

(50.5%)이고 국민의 힘은 1317만 9769표(45.1%)로, 양당의 득표율 격차는 5.4% 포인트에 불과하다. 그러나 지역구 의석수는 민주당 161석, 국민의 힘 90석이다.

10 이런 양원제는 애초 '준-내각제semi-parliamentarianism'를 주창하는 강호프(Ganghof 2021)의 논의에서 빌려 왔다. 강호프의 제안을 받아들여 준-내각제로 개헌하자는 주장에 대해서는 안성호(2024)를 참조.

11 돌봄은 독일어의 Sorge, 영어의 care를 번역한 용어지만, 유교의 인(仁), 불교의 자비, 동학의 경물, 양천주 등 동양 사상의 주요 개념들도 돌봄을 근본 가치로 제시한 것이라 할 수 있다.

12 예를 들어 신지혜·한윤정·우석영·권범철·이재경·조미성의 《기후돌봄》 (산현글방, 2024)이 있다.

13 그 예로서 헌재 1989. 10. 27. 89헌마56 결정, 헌재 1995. 7. 21. 93헌가14 결정, 헌재 2000. 6. 1. 98헌마216 결정, 헌재 2008. 10. 30. 2006헌마35 결정 등이 있다.

14 사회민주주의는 노동 중심의 복지제도를 도입함으로써 자본주의 시장 질서의 경제 불평등에 도전하고 노동의 가치를 제도화했지만 그러한 제도화 과정에서 돌봄이 중심가치를 갖지는 못했다(김희강 2022). 그렇기에 복지제도가 잘 갖추어진 서구 국가에서도 돌봄은 제 가치를 인정받지 못해 돌봄 노동은 외국인 인력에 의존하고 있다.

15 특히 코로나19 팬데믹 이후 돌봄이 주요 화두로 등장하면서, 예를 들어 2022년에 조한진희·다른몸들 기획으로 발간된 《돌봄이 돌보는 세계: 취약함을 가능성으로, 공존을 향한 새로운 질서》, 2025년에 생명학연구회 기획으로 발간된 《호모 쿠란스, 돌보는 인간이 온다: 생명의 눈으로 보는 돌봄과 전환》처럼 돌봄을 전환의 핵심 가치로 삼고자 하는 논의들이 출현하고는 있지만, 돌봄 가치를 헌법에 명문화하는 방식으로 돌봄 가치의 중요성을 헌법과의 연관성 속에서 다루는 경우는 아직 그다지 많지 않다.

16 남성 돌봄권 확대와 돌봄 노동의 성별 격차 축소와 관련된 한국 정부의 첫 공식문서는 보건복지부의 「제4차 저출산·고령사회 기본계획(2021~2025)」이다. 이 문서는 '함께 일하고 함께 돌보는 사회 조성'의 세부 추진 과제로서 '남성의 돌봄권 보장'을 명시하고 있다. 남녀 맞돌봄, 남성 돌봄 참여 보장, 육아휴직, 육아기 근로시간 단축, 유연근무 등 시간 지원 제도의 사용을 바탕으로, 가부장적 관념에서 벗어나 새로운 역할 규범과 돌봄 가치를 수용하는 새로운 남성성으로 전환하는 일이 필요하다는 제안이다(보건복지부 2020).

17 https://ccpi.org. 2005년부터 기후변화행동지수를 발표해왔으며, 세계 온실가스 배출량의 90% 이상을 차지하는 국가들을 대상으로 한다.

18 https://overshoot.footprintnetwork.org/newsroom/country-overshoot-days/

19 '우리'는 무서운 말이고, 조심해서 써야 한다. '우리'의 내부로 포함된 이에게는 한없이 따뜻한 내부 규합의 언어이지만, 그 바깥의 부분으로 규정된 자에게는 공포의 언어이기 때문이다. 따라서 이 단어는 '민족'이라는 말보다는 그것을 초월하는 더 큰 영역을 지시하는 말에 붙여 사용할 때 아름답다. 가령 '우리 사회'라는 말을 쓴다면, 그 안에는 한국사회의 유지와 향상에 큰 보탬이 되는 외국인 노동자와 국토, 강과 산과 흙, 초목과 비인간 동물, 미생물 등이 그 구성원으로서 포함될 수 있다. '우리나라'라는 말은 애매하다. 이 말이 '우리 국가' 또는 '우리 한국'을 지시하는 한, 한국어를 모어로 사용하지 않고, 한국 시민권을 보유하고 있지 않으며, 한국 정부에 한국 시민이 내는 세금을 내지도 않는, 나아가 한국인으로서의 정체성이나 한국에 대한 애국심이 거의 없을 상기의 존재자들은 그 구성원의 일원이 되기 어렵기에 그다지 바람직한 말은 아닐 것이다. 그러나 이 말이 '우리 사회'를 의미하는 경우라면 충분히 가치 있는 말이 된다

20 청년기후긴급행동의 〈생태공화국 통문〉은 링크를 통해 전문을 확인할 수 있다. https://ycea.kr/statement/?idx=16512790&bmode=view

21 치크라바티Dipesh Chakrabarty는 환경environment라는 용어가 인간과 분리된 주변의 어떤 것들에 대한 인간의 관심을 드러내고 동시에 그것이 인간에게 속해 있다는 것을 표명하는 지극히 인간중심적 언표라고 지적한다. 김태우(2024)는 이처럼 인간과 환경, 인간과 자연을 떼어놓고 보는 생각과 행동이 지금의 기후위기를 만들었고, 그 말과 생각 방식을 유지하면서 기후위기를 극복하는 것은 불가능해서, 근본적 문제를 환기하고 상기할 수 있는 말이 필요하고 그 새로운 말들에 걸맞는 행동들이 필요하다고 주장한다.

22 세계자연보전연맹(IUCN)의 WCEL 학제 간 전문가 그룹이 2016년 작성한 〈생태법과 거버넌스를 위한 오슬로 선언(Oslo Manifesto for Ecological Law and Governance)〉은 환경법의 대안을 모색하고 실행할 필요성을 강조하면서 생태중심적 법학에 기반한 생태법을 제안하고 있다. https://ecojurisprudence.org/initiatives/olso-manifesto-for-ecological-law-and-governance/

23 보셀만(2011)이 분류한 7단계는 환경을 무시하는 정치—자원관리—환경보호—사전예방 조치—사전예방 원칙—환경친화적 계획 입안—생태정치와 생태법치국가 그리고 법과 정책으로 요약할 수 있다.

24 '세대 간 기후범죄법'영문/국문 전문은 다음 링크를 통해서 확인할 수 있다. 영문 https://framerframed.nl/en/dossier/statuut-inter generationale-klimaatmisdaden/, 국문 https://ycea.notion.site/The-Intergenerational-Climate-Crime-Act-korean-ca3ca9978faa4203 b826a26fb069fddf

25 이 3개의 개헌 과제 외에 보다 긴 개헌 과제 목록은 윤석열즉각퇴진·사회대개혁비상행동 사회대개혁특별위원회(2025), 〈3·9 시민대토론회를 위한 사회개혁과제〉 자료집(2025.3.9.)에서 확인할 수 있다.

26 박태현·지현영, 2024, 「기후·생태 헌법 연구」, 국회 기후위기 탈탄소 경제포럼 연구보고서.

27 에콰도르와 볼리비아의 헌법개정에 관한 보다 자세한 내용은 Almut

Schilling-Vacaflor·Detlef Nolte(2016)를 참조할 수 있다. 국내에서도 관련한 내용을 간략히 다룬 책으로 보아벤투라 드 소우자 산투스, 안태환 옮김, 2022,《사회해방과 국가의 재발명》(갈무리)이 있다.

28 사전배려 원칙Precautionary Principle은 안전하다는 확신이 없는 한 새로운 기술을 추구하거나 낡은 기술에 집착하지 말아야 한다는 뜻이다. 예를 들어 1994년「멸종위기에 처한 야생동물의 국제 거래에 관한 협약(CITES)」 제9차 당사국총회 결의안에서는 "불확실성이 존재하는 사안에 대해서는 사전배려 원칙을 적용하여 당사국은 종의 보전에 최선을 다해야 한다"고 명시하고 있다. 이 원칙은 1970년대 독일에서 처음 등장했고, 유럽연합 및 국제 환경정책 결정에서 법적인 용어로 자리 잡고 있다. 사전예방 원칙Prevention Principle은 국가가 자국 내에서 환경의 피해가 발생하기 전에 미리 환경보전을 위한 조치를 취해야 한다는 일반적인 기본원칙으로, 사전배려의 원칙보다 넓은 의미이다(소병천·강현철 2006).

29 세계 유기농 면적이 증가 추세를 보이는 가운데, 반면 한국의 친환경농업 면적은 2020년 5.2%에서 2024년 4.5% 수준으로, 2021년 이후 매년 감소 추세를 보이고 있다. 최근 5년간 친환경농지 면적의 연평균 감소율(4.0%) 또한 전체 농지 면적 감소율(1.1%) 보다 4배 정도 더 높다.

30 매년 4월 22일 '지구의 날'을 포함한 1주일을 '기후변화주간'으로 지정해 기후변화의 심각성과 탄소중립 실천 행동을 알리기 위한 교육과 캠페인 등을 진행해오고 있는데, 이벤트성 프로그램 위주여서 실질적 인식 변화와 정책 전환 효과는 미비하다는 비판이 있어왔다. 환경부 차원 행사가 아닌 국가 전체 차원의 집중 숙의 기간으로 정해 사회 전체적 관심과 참여를 높일 필요가 있다.

저자

들어가는 글

장석준

사회학을 공부했고, 진보정당 운동의 정책·교육 활동에 참여해왔다. 진보신당 부대표를 거쳐 정의당 부설 정의정책연구소 소장을 역임했다. 현재는 배곳 산현재 기획위원으로 일하고 있다. 저서로 《세계 진보정당 운동사》, 《장석준의 적록서재》, 《사회주의》, 《신자유주의의 탄생》, 《능력주의, 가장 한국적인 계급지도》(공저) 등이 있고, 번역서로 《포식하는 자본주의》, 《좌파의 길》, 《길드 사회주의》 등이 있다.

공화

장은주

영산대학교에서 학생들을 가르치는 정치철학자다. 참여연대 부설 참여사회연구소장도 역임했다. 독일 프랑크푸르트에 있는 괴테 대학에서 '비판사회이론'을 공부해서 학위를 받았는데, 최근에는 서구 정치사상의 흐름을 참조하면서도 한국의 고유한 민주적 정치 전통을 재구성하려 하는 '민주적 공화주의' 정치철학을 다듬기 위해 노력하고 있다. 시민들의 민주적 역량 함양을 위한 민주시민교육에도 관심이 많다. 지은 책으로는 《인권의 철학》, 《정치의 이동》, 《유교적 근대성의 미래》, 《시민교육이 희망이다》, 《공정의 배신》, 《공화주의자 노무현》 등이 있다.

돌봄

안숙영

계명대학교에서 여성학을 가르치고 있다. 동 대학교 부설 여성학연구소장을 맡고 있기도 하다. 독일 베를린에 있는 자유대학교 정치학과에서 박사학위를 받았다. 주요 관심사는 젠더와 정치, 젠더와 공간, 젠더와 돌봄 등이다. 지은 책으로는 《젠더, 공간, 권력》, 《돌봄이 돌보는 세계: 취약함을 가능성으로, 공존을 향한 새로운 질서》(공저), 《공간주권으로의 초대》(공저) 등이 있고, 옮긴 책으로는 《임금의 가부장제: 젠더, 재생산 그리고 커먼즈》, 《마을과 세계: 에코페미니스트 마리아 미즈의 삶과 시대》(공역) 등이 있다.

이나미

자유주의 등 지배적 정치이념에 관한 비판적 연구 그리고 생태주의 등 대안적 정치사상에 관한 공부를 해왔다. 1년 전부터 반려견 보람이와 함께 살면서 무차별적 돌봄이 권리이자 의무이자 동시에 무한한 기쁨임을 깨닫고 있다. 경희사이버대학교에서 강의하고 있으며 배곳 산현재(기획위원), 생태적지혜연구소(감사), 생명학연구회, 한국정치연구회, 시민의회 마포포럼 등에서 활동하고 있다. 《한국 자유주의의 기원》, 《한국의 보수와 수구》, 《이념과 학살》, 《한국 시민사회사: 국가형성기 1945-1960》, 《생태시민으로 살아가기》, 《호모 쿠란스: 돌보는 인간이 온다》(공저) 등을 썼다.

녹색

김영준

법의 강제력보다는 사회적 합의의 측면을 강조하는 법 전문가로 활동하여 주로 자치입법을 검토하는 변호사이다. 법학, 생태학, 철학을 전공하고, 배곳 산현재 기획위원, 칼폴라니사회경제연구소 이사, 생태문명원 연구위원, 대전충남녹색연합 운영위원, ICE 네트워크 감사, 생태적지혜연구소 회원, 지구법학회 회원, 대전시민의회 추진위원회 운영위원, 시민의회 문화예술위원회 회원 등으로 활동하고 있다. 공저로《탈성장을 상상하라》가 있고, 공역서로《최후의 전환》과《딥 에콜로지》가 있다.

김은희

젠더법학과 사회학을 공부했고, 여성운동에 발을 들인 이후로 페미니스트 정치와 젠더 정책 그리고 기후정의를 주요 의제로 삼고 있다. 여성정치세력민주연대 상임대표, 녹색당 공동정책위원장, 에코페미니즘연구센터 달과나무 소장 등을 역임했다. 민주주의와 시민되기, 자치와 자급 등이 주요한 관심사다. 함께 기획하고 지은 책으로《전환의 시대, 지역과 여성에서 길을 찾다》,《우리는 지구를 떠나지 않는다》,《그럼에도, 페미니즘》,《1990년대 이후 한국여성운동사 특강》,《여성정치할당제: 보이지 않는 벽에 문을 내다》등이 있다.

우석영

지구철학 연구자. 작가. 행성 위기 시대의 지구철학, 돌봄, 포스트휴먼 예술 등 관심사가 난잡하다. 산행과 책으로의 산행을 즐긴다. 배곳 산현재(기획위원), 생태문명원(연구위원), 생태적지혜연구소(학술위원), 생명학연구회, 동물권연구변호사단체 PNR 등에서 활동하고 있다. 《기후 돌봄》(공저), 《기후위기행동사전》(공저), 《불타는 지구를 그림이 보여주는 것은 아니지만》, 《동물 미술관》, 《철학이 있는 도시》, 《걸으면 해결된다》(공저), 《낱말의 우주》 등을 썼다.

정규호

지구환경에 관심을 가지면서 대안 사회를 위한 연구와 활동에 함께 해왔다. 불교환경교육원(간사), 생태사회연구소(연구원), 바람과물연구소(전임연구원), 제3섹터연구소(연구교수), 모심과살림연구소(소장) 등에서 일했으며, 한살림연합(본부장) 활동을 통해 협동조합과 친환경농업 현장 가까이서 소중한 경험을 얻었다. 현재 생명학연구회 부회장으로 있다. 저서로 《녹색국가: 지속가능한 대한민국을 위한 이론과 전략》, 《호모 쿠란스: 돌보는 인간이 온다》(공저) 등이 있다.